青山無語，雲無跡

我在美國陸軍的弘法因緣

Wordless Hills, Traceless Clouds
My Experience as a Chinese Buddhist Monastic in the U.S. Army

振冠◎著

謹以此書,獻給過去的十年。

致謝

　　本書得以順利寫完出版，感謝布克文化出版社賈俊國總編輯，自二〇二三年十一月以來，對本書寫作出版的關注與鼓勵。感謝許典春編輯對本書出版投入時間，用心編輯和校對。感謝定居英國牛津工作的鮑軍博士、執教新加坡佛學院的大悟法師，以局外人眼光閱讀本書初稿，提供具有建設性意義的修訂意見。

　　最後，呈現在讀者面前的這本書，描述的時間、地點、人物、事件，為我過去十年在美國陸軍與海內外弘法的人生經歷，內容真實，非虛構。書中除了公共人物事件和時間地點，保留原有紀錄之外，對涉及個人隱私的內容，進行了妥善的處理和必要的調整。

楔子

人生青山無語，雲無跡。
寫這故事，是同心的對話，
但同心的對話又如影虛無。
就像今早的雲，落在伊利森公園
南端山頂樹樵上坐，
不經意間便消失的無影無蹤。

洛城有雨的季節是少見的，
今年雨下多了，夜裡嘩嘩啦啦。
連續三天兩夜，又兩天一夜，
傾盆而下，淋醒夢中人。

然後，天冷了，比過去冷。
讓人想起冬季有未了的心願。
彷彿洛磯山脈重疊峰巒上積雪，
擠壓山脊，嘎嘎吟。
大熊湖的水也封凍了，熊山上的樹，
在風雪的世界裡多株倒。

或許人生如夢，夢人生？
夢世界裡白雪皚皚，風撫山湖。
醒來，雪消融了，
風一去不返，去了又返？
宛如秋去冬來又一春，沙漠時有風回旋。
天意又有誰能測呢？

於是，我想到了放下所有，
拎個簡單行囊，
裝上衲衣幾件，僧鞋一雙。
去踏雪的皚皚，去追風的無常，
去看心靈世界的夢回天地，
去償還未了的宿世前緣。

二〇二〇年三月
寫於洛杉磯雨夜

目次

致謝 5
楔子 6

Part1　美國陸軍弘法因緣

緣起 12
陸軍軍牧精神 14
決定陸軍弘法 22
佛陀的啟示 28

Part2　美國陸軍弘法初體驗

三九三憲兵刑事偵緝營報到 36
軍牧辦公室人事變動 47
指揮權交接與韓軍牧處境 69
設定週日佛教服務 78

Part3　軍校教育與見習

美國陸軍軍牧中心學校教育　　　　84

倫納德‧伍德堡見習　　　　100

回三九三憲兵刑事偵緝營工作　　　　119

西點軍校見習　　　　127

陸軍退役　　　　156

Part4　峰迴路轉是宿緣

回到熟悉而陌生的僧團生活　　　　166

紐約哥倫比亞大學讀碩士　　　　187

中國人民大學讀博士　　　　199

史丹佛大學醫院與天主教醫療中心
臨床佛教宗教師工作研究　　　　217

西岸陸軍軍牧人員的再徵募　　　　233

調任第一騎兵師三旅二一五勤務營工作　　　　243

後記　　　　260

Part 1
美國陸軍弘法因緣

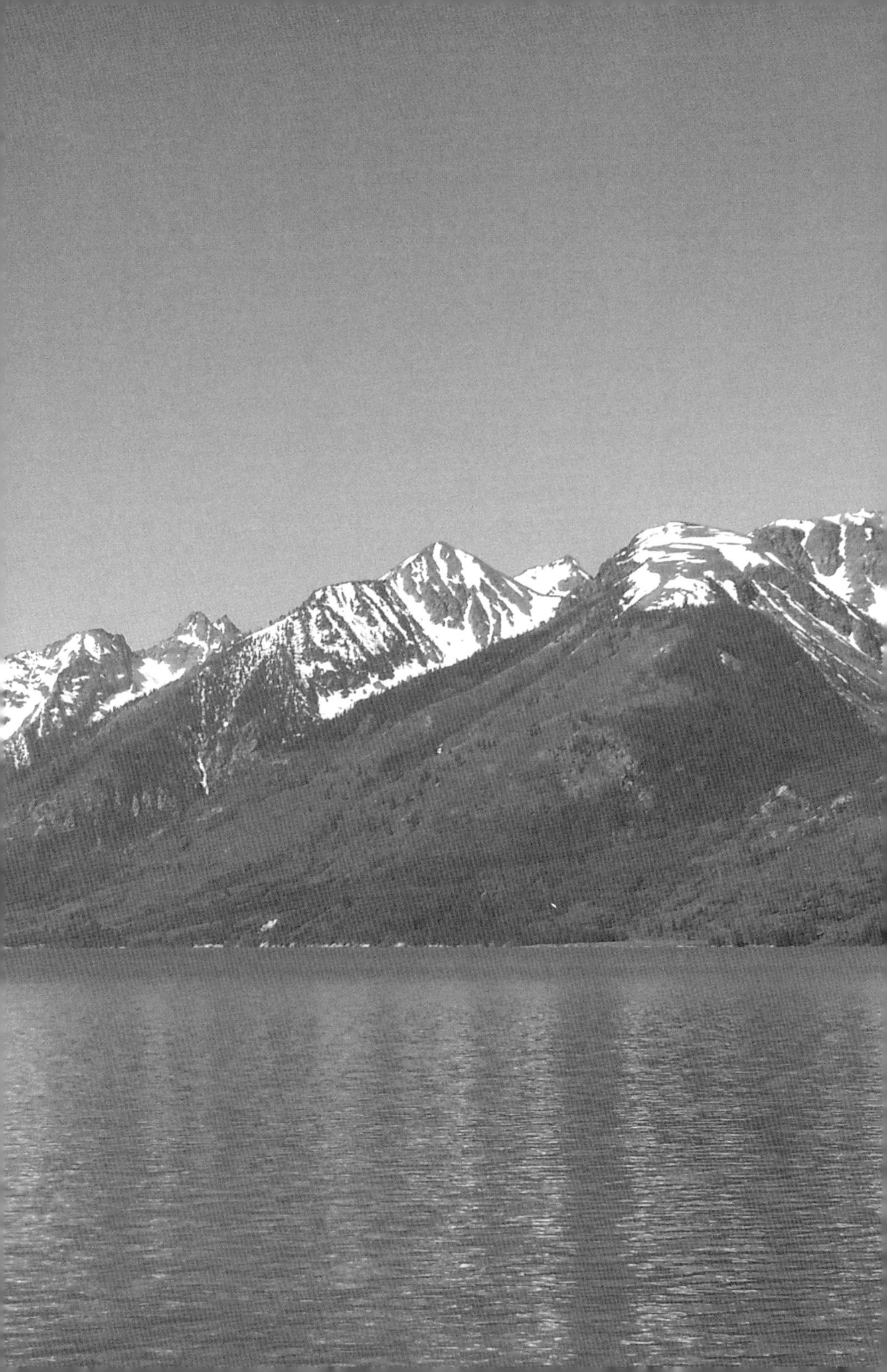

緣起

我在美國陸軍的弘法因緣,來得突然。如夢,如幻。似命中註定,有宿世前緣。

我至今仍然記得,二〇一一年十一月一日早上,美國西岸陸軍軍牧徵募人員到西來大學佛教宗教師教務處,徵募陸軍佛教宗教師。當時,我是該系佛教宗教師碩士二年級生,上課期間被教室門外隱約的人員交流聲所吸引。

我下意識地望向門外,只見系主任費舍教授正和兩位陸軍現役軍人,站在門口向坐在教室內的我探望、揮手、微笑。費舍教授開心地看著我,向兩位軍人小聲地介紹著什麼,兩位軍人俯首仔細傾聽,同時不忘向我揮手致意。他們三人就這樣站在教室門外的走廊上,直到我課程結束步出教室,兩位軍人向我靠近,然後做自我介紹。

他們分別是身材高挑、長相年輕、臉部粗獷、頭髮濃密的中士諾德,以及身材中等、人在中年、上唇留有修剪整齊鬍鬚、外表幹練的弗朗基上士。我從他們的自我介紹中,了解到二位是當時負責美國西岸陸軍軍牧徵募處的工作人員。第一次到臺灣佛光山在洛杉磯創辦的西來大學

拜訪，主要是來看看是否可以在這裡招到受過佛教高等教育，以及嚴格佛學訓練的僧人到美國陸軍服務。

我同時也向二位簡單地做了自我介紹。在大家做完簡單的自我介紹之後，已近當日午餐時間，諾德與弗朗基建議我們三人到帕薩迪納加州披薩餐廳用餐，我接受了建議。用餐期間，二位進一步向我介紹了成為美軍佛教宗教師的條件、福利和意義。

當時我尚無參加陸軍弘法的意願，因此，對二位的熱心沒有表明態度，但也沒有拒絕，只是提出讓我考慮考慮，同時也希望他們可以透過電子信件，向我進一步提供有關美國陸軍軍牧（Army Chaplain）歷史傳統與職能意義介紹。我們三人之間的第一次見面，就這樣在輕鬆愉快的午餐中結束。

隨後的一個月裡，弗朗基上士多次透過電話和電子信件與我聯繫，為我詳細介紹了美軍軍牧歷史傳統與職能意義。透過弗朗基上士的不懈努力，我深入地了解了美國陸軍軍牧歷史傳統的發展狀況，還有軍牧在陸軍中的職能意義，並對參與美國陸軍弘法產生了興趣。

陸軍軍牧精神

在歷史上，美國陸軍軍牧的出現，早於美國這個國家的誕生。可以說是先有軍牧，後有美國。

一七七五年美國獨立戰爭期間，華盛頓將軍注意到自己領導的大陸軍（Continental Army）軍人有酗酒、賭博、嫖娼等問題，於是邀請當地基督新教牧師進入大陸軍牧侍。彼時大陸軍軍牧以「牧養眾生」情懷，以身作則，建立了軍中的道德倫理和精神典範，在戰場上替主牧侍，為官兵祈福謝罪。

當時的軍牧除了為官兵提供宗教服務及神學諮詢之外，也協助照護傷員和掩埋陣亡將士屍體等工作。一七七五年七月二十九日，大陸議會（Continental Congress）通過決議，授權大陸軍每個軍營配備一名軍牧決案。該決案的通過，在法律層面上正式授予了營級軍牧上尉軍銜，以及相關的社會地位和經濟福利等待遇。

一七八二年，新罕布夏大陸軍團（New Hampshire regiments）軍牧，埃文斯牧師（Reverend Israel Evans）向華盛頓將軍建議在軍中建造禮拜堂，以供官兵週日禮拜

用途。華盛頓將軍接受了埃文斯牧師的建議,該年十二月於今日紐約州新溫莎基(New Windsor, NY)聖殿山路(Temple Hill Rd.)──彼時的大陸軍基地,建造了德堂(Temple of Virtue),那也是第一所具備多元基督新教教派文化兼容並蓄,供信仰不同基督新教教派官兵集會禮拜的禮拜堂。

一七八二年十二月建造的德堂復原外景與內飾。(圖片來源:軍牧歷史博物館官網)

德堂高一百一十英呎，寬三十英呎，木石結構，內飾簡潔實用。德堂不以任何基督教派或個人命名，為所有人的共用場所，這也成為日後美軍各地軍事基地設立禮拜堂的標準。德堂在平時沒有舉辦宗教活動的時候，也被作為大陸軍將士公共聚會與軍事法庭聽證用途。

在歷史上，一七八二年十二月建成投入使用的德堂，標誌了大陸軍軍牧向近現代美軍軍牧歷史的邁進，展現了美軍軍牧職業系統化的開端。

不過，當時大陸軍對各營區軍牧的聘任尚無制度與程序規範，亦無職業化的軍牧教育系統。大陸軍軍牧的來源，主要由當地教會牧師自願應召入伍而來。這種方式一直持續到一七九一年，美軍才逐步有了軍牧正式聘任制度和程序，以及相關的軍事教育規範。

在這一時期，來自維吉尼亞聖公會的赫特牧師（Reverend John Hurt），成為了美軍透過正式聘任程序及軍事教育的第一人。這裡值得注意的是，美軍在一八四〇年之前，只招募基督新教牧師隨軍牧侍。

一八四〇年至一八六二年，在墨西哥戰爭與美國內戰前期，美軍出於對天主教徒及猶太教徒官兵的照顧，先後開放給天主教神父與猶太教拉比加入美軍軍牧行列。一戰期間，進一步開放給摩門教以及東正教神職人員參與軍牧

事務。二十世紀中後期，隨著亞洲移民參軍人數的遞增，美軍隊伍逐漸呈現出宗教信仰文化多元的現象。

二十一世紀初，美軍依據亞洲移民現役人員的具體宗教需求，開始徵募伊斯蘭教、印度教和佛教宗教師進入軍隊服務。至此，美軍軍牧系統由早先十八至二十世紀的單一一神教神職人員構成，逐步向多元化的宗教師團隊方向發展。

目前，美軍軍牧的統管機構為軍牧委員會，該委員會由國防部主管人事部副部長管理。美軍軍牧的職責有三：（1）擁護《憲法》第一修正案賦予公民宗教信仰自由的權利；（2）為官兵提供道德倫理與宗教信仰服務；以及（3）為指揮官的內外行政決策，提供宗教文化諮詢。此三者互為關聯，本質上對應了美軍軍牧的存在「為上帝，為國家」（Pro Deo Et Patria）的宗旨，以及「以宗教信仰養育生者」、「以牧侍行動關懷傷者」、「以神聖儀式榮譽亡者」的精神。

依據美國基督教信仰（特別是新教信仰）與社會文化特徵，軍牧體現了教會事務在世俗社會的延伸，軍牧是當地教會授封、認證的外派教職人員，代表所屬教會到美軍中傳道，替主牧軍。軍牧的日常工作，除了為官兵提供宗教信仰和牧侍關懷之外，也兼具為指揮官提供軍人道德倫

理建議、作戰期間地方宗教政策分析與民俗文化諮詢等事務。具體協助指揮官制定促進軍隊與所在地區宗教領袖交流決策，減少軍隊與當地居民產生衝突。在美軍歷史上，軍牧既是指揮官日常工作中的良師益友，也是指揮官臨戰時提供宗教與文化諮詢的左膀右臂。

作為神職人員，軍牧為美軍中的非作戰人員。軍法規定軍牧在軍中工作期間，不得攜帶任何形式的武器（刀、劍、槍等），戰時人身安全受到一九四九年八月十二日歐美亞六十三國在瑞士共同簽署的《日內瓦公約》保護。

依據《日內瓦公約》第四章「被留用協助戰俘之醫務人員及隨軍牧師」第三十三條，以及第五章「宗教、文化與體育活動」第三十五與三十七條約規定，合約國在戰爭期間，禁止以任何形式迫害軍牧；合約國有義務為被俘的軍牧在戰俘中的傳道，提供一切出入便利，不得強迫軍牧從事與傳道無關的勞務。

就美軍軍牧的身分及其精神而言，為二戰期間「四軍牧」事蹟具體展現了出來。二戰期間，美軍租用、改造紐波特紐斯造船及船塢公司（Newport News Shipbuilding and Drydock）大型商用沿海客運輪船「多切斯特」（S.S. Dorchester）號為軍用運輸艦。一九四三年一月二十三日，多切斯特運輸艦載滿九百零四人啟航離開紐約港，

依據軍方調度，前往歐洲格陵蘭島南部納薩爾蘇瓦克（Narsarsuaq）陸軍指揮基地駐守。

一九四三年二月三日凌晨十二點五十五分，多切斯特運輸艦在海上暴露行蹤，遭到德國U型潛艇魚雷攻擊下沉，造成艦上九百零四人中的六百七十五人喪命。當多切斯特艦體被魚雷擊中開始下沉時，艦上的四軍牧——衛理公會牧師福克斯中尉（Lt. George Fox）、猶太拉比古德中尉（Lt. Alexander Goode）、羅馬天主教神父華盛頓中尉（Lt. John Washington），以及荷蘭改革宗牧師波林中尉（Lt. Clark Poling），以牧養眾生情懷，臨危不懼，分散在甲板上安撫驚慌失措的官兵，照護傷員。他們以無我犧牲奉獻的精神，引領倖存者棄艦逃生，並在身處險境的關鍵時刻，以無畏的慈悲心，將自己的救生衣卸下，給無衣的官兵繫上。

二戰結束後，依據當年多切斯特運輸艦上倖存者回憶，當艦船沉沒時，逃生到木筏上的倖存者耳聞目睹了四軍牧臂連臂，靠在傾斜下沉的甲板上，以自己宗教的方式禱告、唱讚美詩歌，同時高聲鼓勵逃生到木筏上的倖存者一定要活下來，直至冰冷刺骨的海水將他們淹沒。美國陸軍「四軍牧」的事蹟，展現了如下兩點意義：（1）軍牧可以跨越個人宗教信仰藩籬，行使人道主義；（2）軍牧

可以金剛無畏之慈心護他，無我犧牲。四軍牧的事蹟，推動了當代美軍軍牧史進一步多元化的發展。

一九六一年一月十八日由國會通過，甘迺迪總統授權，陸軍設立了「四軍牧勳章」，以紀念四軍牧無我犧牲奉獻及多元宗教文化和合精神，為後來者鑒。

福克斯牧師 　　　　拉比古德

波林牧師 　　　　華盛頓神父

圖片來源：維基百科「四軍牧」（Four Chaplains），網址：https://en.wikipedia.org/wiki/Four_Chaplains

美國陸軍四軍牧作為教會外派神職人員，其臨危不懼，展現出不同宗教信仰和合的一面，無我犧牲奉獻精神，在我內心深處產生了共鳴。

　　我意識到作為漢傳佛教僧人，進入美國陸軍弘法的意義，不僅可以藉此向其他宗教學習，「農禪並重」自食其力，而且還可以隨軍弘法的方式，行菩薩道，利益眾生，提升漢傳佛教在當地社會的可見度和影響力。

決定陸軍弘法

　　就「自食其力」與「行菩薩道,利益眾生」的關係而言,漢傳佛教自唐宋以來,深受儒家文化影響,形成了歷史悠久、影響深遠的「農禪並重」理念。

　　「農」指入世工作,古代主要指上山開荒或下地耕種,明代以降,有些地方寺院進一步將此理念,延伸至市儈經營貿易。比如,開素食館、衣具店、當鋪、客棧甚至是錢莊等。「禪」指出世修行,為佛教戒、定、慧三學中的「定」學。佛教出世修行,由戒生定,由定入慧,而得解脫,定居其中,為修行解脫的重要途徑。

　　漢傳佛教的「農禪並重」理念,鼓勵僧人「一日不作,一日不食」,經濟上自給自足,無求於人。社會弘法,以禪為教,隨緣度化,自利利他。

　　對此,近代太虛大師(一八九〇年—一九四七年)在一九二九年周遊歐、美、日各國之後,意識到人類社會進入二十世紀科技文明發展時期,潛在的精神文明危機,從漢傳佛教的「農禪並重」理念中,提煉出「人生佛教」與「人間佛教」理論。該理論將出世自利的佛法與入世利他

的社會實踐統一，形成一活躍於世間的「教以濬俗，事還相成」的自利利他大乘共法，據此詮釋佛法對促進現代人類社會科技文明與精神文明健康發展的價值和意義。我從時代因素及社會背景，進一步探索大師理論，深以為然！

因此，當弗朗基上士在二〇一一年十二月中旬再次打電話詢問我是否考慮參加陸軍弘法工作時，我正式向他確認了自己的意願。身為基督徒的弗朗基上士激動地說：「太好了，您終於聽見『神召』了。只要您準備好了，我這裡可以隨時啟動申請程序。您希望什麼時候開始？」

我說：「今天或明天都可以。」

弗朗基上士高興地說：「那就現在吧！我馬上發送申請表格到您的電子郵箱，以及相關條件要求資料。」

在當天和接下來的兩三天裡，我陸續收到了弗朗基上士從電子郵箱發來的陸軍佛教宗教師申請表格，以及相關條件要求文件。

依據美國國防部軍牧委員會規定，對申請到聯邦現役、預備役或州政府國民衛隊服務的陸軍佛教宗教師，有以下六項基本條件要求：（1）通過國防部認可的佛教協會授戒和認證，具備成為合格的佛教外派教職人員資格；（2）在所屬佛教寺院完成佛教教理教義、儀式儀軌訓練，繼以教職人員身分，在所屬佛教宗派寺院全職服務

兩年或以上；（3）美籍，無雙重國籍；（4）本科系畢業；（5）七十二學分制佛教宗教師碩士專業在讀或已畢業；以及（6）申請人的佛教信仰必須保持與所屬宗派傳統一致。

申請人的條件，可以超出國防部軍牧委員會的標準，但不能低於如上所列六項基本條件要求。申請人一旦符合國防部軍牧委員會的基本條件要求，申請通過後，將被送往位於南卡羅萊納州哥倫比亞市區的傑克遜堡（Ft. Jackson, SC）美國陸軍軍牧中心學校（The U.S. Army Chaplain Center and School），進行為期三個月共九十四天的陸軍軍牧教育，畢業之後，作為營級軍牧，分配到國防部指定的軍營工作。

二〇一一年十二月中旬，我正在洛杉磯西來大學佛教宗教師系就讀，還有一年半才能完成學業。依據國防部軍牧委員會文件指示，我可以先申請成為陸軍預備役佛教宗教師候選人，等完成學業，接受南卡傑克遜堡陸軍軍牧中心學校教育之後，再申請轉正為陸軍現役佛教宗教師。

當時，我在收到弗朗基上士電子郵箱發來的申請表格之後，填好表格，掃描成 PDF 檔，然後透過電子郵箱發回給弗朗基上士，正式向國防部軍牧委員會申請陸軍預備役佛教宗教師候選人資格。申請很快得到了回覆，不久

通過年長有經驗的中校軍牧面試，之後聯邦調查局對我的個人背景進行了調查。二〇一二年一月中旬，背景調查通過，申請進入最終程序。

二〇一二年二月二十二日，弗朗基上士透過電子信件，向我轉發了時任國防部軍事參謀長指令與歐巴馬總統簽署的有關任命我為陸軍預備役少尉的文件。

二〇一二年二月二十三日上午十點三十分，時任加州國民警衛隊佛教宗教師的好友莫爾中尉，為我在西來大學主教學樓內主持了入職宣誓儀式。彼時我身著漢傳佛教僧服，在五、六位好友的見證下，手按英譯本《維摩詰經》，於星條旗下鄭重宣誓，正式成為美國陸軍預備役佛教宗教師候選人。

我手按英譯本《維摩詰經》宣誓。

現在回想起來，當年國防部軍牧委員會聘任我為陸軍預備役佛教宗教師候選人，只覺一切發生得有些突然，其時我內心對如何隨軍弘法，尚未完全準備就緒。

我之前雖然透過弗朗基上士介紹，對美軍軍牧歷史及其職能意義有所了解，希望藉由進入美國陸軍弘法的途徑，實踐太虛大師的人生與人間佛教，提升漢傳佛教的社會可見度，為漢傳佛教在美國的未來弘揚，開拓一新路線，以為來者鑒。

但是，就日後應以何種方式在美軍中弘法，我當時是沒有明確概念的。事實上，即便是十年後，我在北美與亞洲漢傳佛教界轉了一圈，再次受聘回到美國陸軍從事佛教宗教師工作，對於如何隨軍弘法，也還在摸索中前行。

不過，作為漢傳僧人，大方向上我從太虛大師提出的人生與人間佛教理論中，明確了以「出世與入世統一」的方式隨軍弘法。所謂：「佛法在世間，不離世間覺；離世覓菩提，恰如求兔角。」

太虛大師提出的人生與人間佛教，宗旨在於促進個體與社區關係，目的是鼓勵僧人參與社會公共事務，以佛法利益眾生，提升漢傳佛教的社會可見度及影響力。據此，大師還曾在一九三一年五月至一九四〇年七月間的〈僧教育之目的與程序〉、〈佛教應辦之教育與僧教育〉、〈我

的佛教改進運動略史〉等公眾演講中,提出了「佛教宗教師」的理念,並依據《華嚴經》、《瑜伽菩薩戒本》思想,定義「佛教宗教師」的宗旨與大乘菩薩道「布施世間、膏沐群生」的精神相符合。

其職能意義,為運用佛法結合現代社會科學知識,進入社會事業單位——如工廠、軍隊、銀行和育幼院——為有需求者提供有效的佛教服務,使「佛法活耀在人類社會或眾生世界裡,人人都歡喜奉行」(太虛〈新與融貫〉,《太虛大師全集》,善導寺一九八〇版,第一編,第四百五十頁),從而完善漢傳佛教入世與出世的統一。

太虛大師提出的「佛教宗教師」理念,不僅具有社會層面的操作意義,其藉菩薩道「布施世間、膏沐群生」精神,論述佛法出世與入世的統一,為我當年申請進入美國陸軍預備役及目前在陸軍現役的弘法工作,提供了有效的佛學理論依據和社會實踐模式。

佛陀的啟示

理論上,漢傳佛教僧人進入美國陸軍弘法,不僅可以從太虛大師提出的人生與人間佛教中理解,也可以從佛教經典中記載,佛陀諮詢軍隊最高統帥——國王——中探索。

依據《大薩遮尼乾子授記經》卷第五〈王論品第五之三〉記載,佛陀曾在鬱闍延城諮詢嚴熾王,以三法入陣作戰。佛陀指出,王者出於正義,保家衛國而戰,需兼具慈悲護他之心,戰前布陣,起三種如實思惟。如說:

> 一者,思惟此返逆王無慈悲心,自殺眾生,餘人殺者亦不遮護,我今不令如此相殺,此是初心護諸眾生。二者,思惟當以方便降伏逆王,士、馬、兵眾不與鬥戰。三者,思惟當以方便活繫、縛取不作殺害⋯⋯大王當知,行法行王設是方便入陣鬥戰,爾時雖復殺害眾生,而彼王得輕微少罪,非決定受,懺悔能滅。何以故?彼法行王,為欲入戰,先生三種慈悲心故,雖作此

> 惡得罪輕微，非決定受……大王當知，若為護國、養活人民，興兵鬥戰，彼時國王應當先發如上三心，勅令主將一依王教，如是鬥者有福無罪。（《大正藏》第九冊，第三三七至三三八頁下 - 上）

就《大薩遮尼乾子授記經》卷第五〈王論品第五之三〉記載而言，佛陀諮詢嚴熾王戰爭雖不可避免，但需要符合人類正義與慈悲之道，非為貪、瞋、癡和無慈悲心而戰，侵略他人國土，殺戮無辜平民百姓等。

佛陀指出，具備正義和慈悲心的國王（行法行王），為了保家衛國，制止不義和暴虐無道的殺戮，集合軍隊，以「護諸眾生」、「降伏逆王」和「活繫縛取」三種慈悲心入戰，不僅無罪，反而成就了菩薩道無我犧牲、慈心護他的精神，聚集了大乘菩薩道「利他」成佛的福德資糧，如經文中說：「如是鬥者，有福無罪。」

依據佛教歷史記載，佛陀未出家前，為當時北印度迦毗羅衛國國王獨子，剎帝利種姓，屬於軍事和政治統治階層。他本人在二十九歲未出家之前，接受過當時最好的軍事和政治訓練，掌管著迦毗羅衛國除了神權之外的一切世俗權力。

佛陀出家成道後，被世人尊稱為「佛陀」，意為「覺悟者」，從此以出世解脫德行，教化印度恆河兩岸各國人民。由於佛陀本人未出家前，對軍事和政治有真知灼見，因此即便在他出家成道後，仍然成為了北印度恆河流域各國國王所敬重的諮詢對象。

　　如《長阿含經》卷二〈遊行經〉記載國力日漸強大的摩竭陀國阿闍世王，為滿足個人私欲，國土擴張，以「跋祇國人自恃勇健，民眾豪強，不順伏我」為由，計畫攻打鄰國跋祇國，但又不想興不義之師，為世人詬病，於是派遣近臣禹舍前往請教佛陀，阿闍世王囑咐禹舍：「我欲伐之，不審世尊何所誡勅？若有教誡，汝善憶念，勿有遺漏，如所聞說。如來所言，終不虛妄。」（《大正藏》第一冊，第十一頁上）阿闍世王欲意以此諮詢佛陀，是否可以出兵跋祇國。

　　人類自古以來，行兵布陣，為機密大事，關係著一個國家的存亡之道，如《孫子兵法・始計第一》言：「兵者，國之大事，死生之地，存亡之道。」阿闍世王可以將如此重要的國家軍事機密，透過近臣禹舍告知佛陀，希望得到佛陀有益的諮詢，可見阿闍世王對佛陀作為宗教師的品德，有崇高的信心；對佛陀作為軍事倫理專家，有極度的信任。

佛陀在仔細傾聽、了解了禹舍提出有關阿闍世王欲意出兵跋祇國的理由和考慮之後，沒有提供正面的諮詢，而是對站在身後的侍者阿難解說道：跋祇國政治開明；軍事強大，軍民上下和睦；政治、長治久安；文化孝親敬師、社會安定；經濟富饒四方、護持正法，具備了一個國家在軍事、經濟、政治、宗教及文化上，不易被他國戰勝的「七不退法」原則。

　　據載，在聽聞了佛陀和侍者阿難有關跋祇國的對話之後，禹舍內心明了，對佛陀說道：「彼國人民，若行一法，猶不可圖，況復具七？國事多故，今請辭還歸。」佛陀回道：「『可，宜知是時。』時，禹舍即從座起，遶佛三匝，揖讓而退。」（《大正藏》第一冊，第十一頁中）

　　佛陀對禹舍提供的有關跋祇國具「七不退法」的「間接」諮詢，不僅保證了阿闍世王作為軍事強國統帥的倫理道義，化解了一場潛在的不義之戰，同時保護了軍事上相對弱勢的跋祇國人民，免受無辜傷亡。就此而言，佛陀可謂是佛教歷史上第一位曾為國家軍隊最高指揮官（國王）作戰決策，提供宗教文化與軍事倫理道義諮詢的「佛教宗教師」。

　　關於佛陀為其同時代軍隊最高指揮官提供軍事倫理諮詢的案例啟示，在後來佛教的歷史發展過程中，被繼承了

下來，並隨了人物、地域和事件的遷流而變化。

以中國漢地為例，佛圖澄（二三二年—三四九年）於永嘉四年（三一○年）七十九歲高齡，至西晉首都洛陽弘法，遇永嘉之亂。佛圖澄在亂世中隨北方軍閥石勒（二七四年—三三三年）行軍度化，自利利他。以佛法因果報應、神通變化和倫理道德，諮詢、勸誡殘暴成性「專以殺戮為威」的軍閥石勒，戒殺放生，起了顯著的作用。

如〈梁高僧傳・卷九・佛圖澄傳〉說：「夫王者，德化洽於宇內，則四靈表瑞。政弊道消，則彗孛見於上。恆象著見，休咎隨行，斯迺古今之常徵，天人之明誡。勒甚悅之，凡應被誅餘殘，蒙其益者，十有八九。」（《大正藏》第五十冊，第三八三頁中-下）由於佛圖澄長期隨行石勒，為其提供佛法諮詢，石勒建立後趙之後，逐漸淡去血腥殺戮，民生逐漸趨向安定。

從近代太虛大師提出的人生與人間佛教理論出發，觀察漢譯佛教經典中記載歷史上佛陀諮詢國王軍事倫理的啟示。我對進入美國陸軍隨軍弘法，也就有了信心和明確的方向。雖然，有時理論和現實生活之間，存在一定的距離和落差。

譬如，在現實生活中，二○一二年我作為第一位海外漢傳佛教僧人，進入美國陸軍預備役弘法，在宗教、文

化、習俗上，面臨了如何跨越北美華人佛教社區對漢傳佛教僧人的固有認識，以及如何走出熟悉的漢傳佛教文化舒適圈，進入到以基督教文化為主的軍中去弘法，而保持自身不變化的內外挑戰。

但是，從太虛大師的理論和歷史上佛陀的啟示中，我深信挑戰即機遇，隨緣消宿業。自利利他，成就佛法出世與入世的統一。

Part2
美國陸軍弘法初體驗

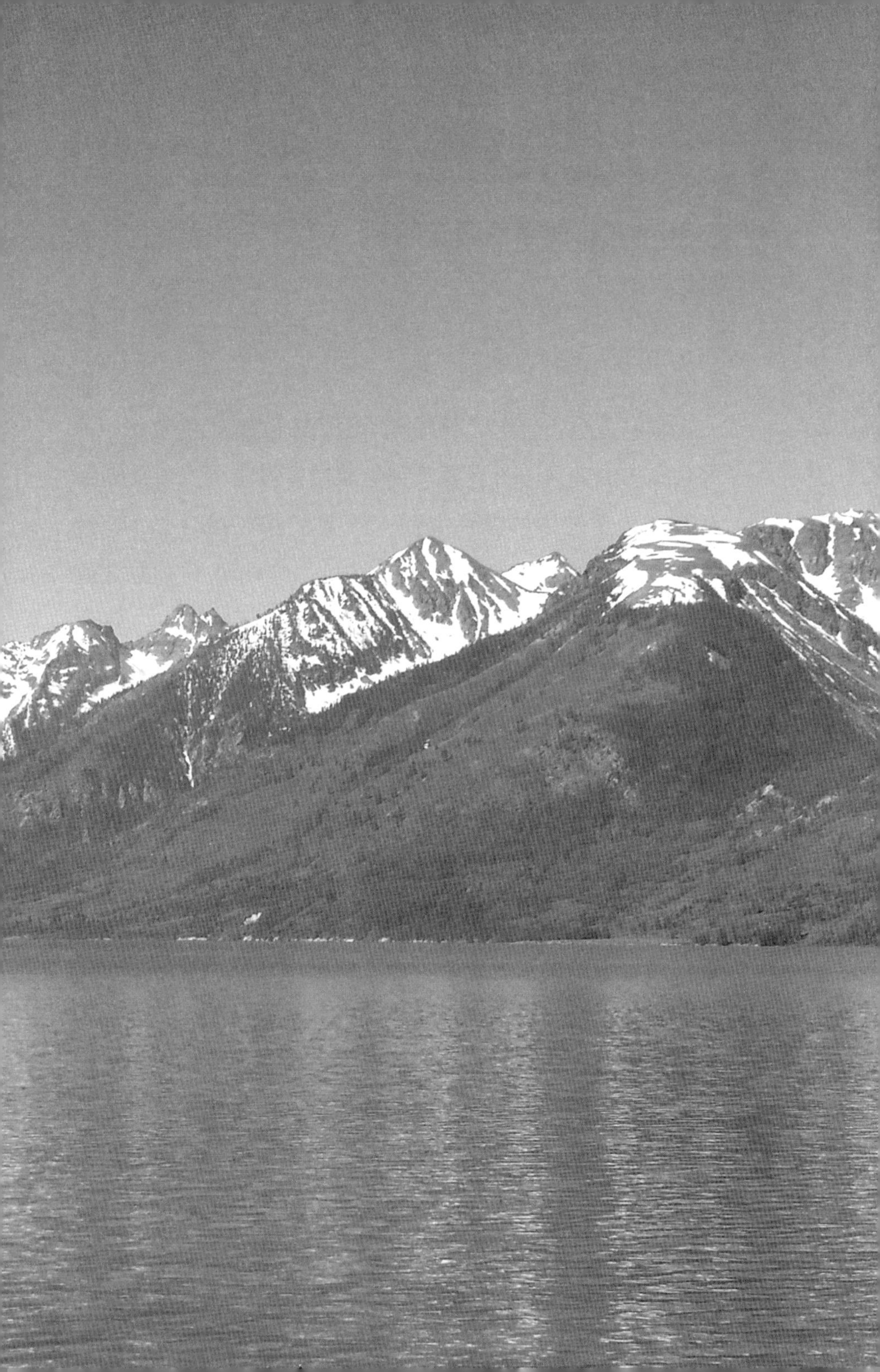

三九三憲兵刑事偵緝營報到

我在二〇一二年二月二十三日上午宣誓之後，一直等到同年的四月十九日才收到陸軍預備役主管人事部副部長莫斯將軍簽署的調任文件。依據文件內容指示，被分配到位於洛杉磯郡下屬貝爾市（City of Bell）班迪尼大道五三四〇號，三九三憲兵刑事偵緝營總部工作。

作為陸軍預備役人員，依據聯邦政府軍隊十號文件規定，我的工作時間固定在每月週末兩日，每月執勤時間為十六小時。我的工作內容主要是在上級軍牧的督導下，為全營官兵提供宗教信仰服務，同時也為指揮官提供宗教文化與道德倫理諮詢。

依據文件指示，當時作為候選人的我，具體工作內容需在營部與旅部軍牧的督導下進行，直到我佛教宗教師碩士畢業，在南卡羅萊納傑克遜堡完成為期三個月九十四天的陸軍軍牧中心學校教育，然後申請從候選人轉正為佛教宗教師身分之後，才可以獨立完成營部宗教事務工作。

就實際應用而言，美國陸軍預備役宗教師候選人項目的設立，類似於社會上其他事業單位的見習制度，主要

為入門者提供見習機會，為日後工作累積經驗。美國陸軍第一百六十五號《軍牧行為守則》（Army Chaplain Corps Activities）文件第七章第一項「概要」指出，設立候選人項目的目的，在於使還在大專院校就讀宗教師碩士學位的學生，可以在軍隊的環境中熟悉陸軍宗教工作。

不同於社會上其他事業單位部門的見習制度一般時間週期短，依據陸軍條例《軍牧行為守則》規定，陸軍宗教師的見習制度，最長可達五年之久，同時也是一份正式的聯邦政府編制工作。

位於洛杉磯郡貝爾市的三九三憲兵刑事偵緝營，先前屬於第二〇〇憲兵司令部直接管轄和指揮，後在二〇一七年期間歸編至第十一憲兵旅。三九三憲兵刑事偵緝營英文名稱中使用的 CID 縮寫，全文拼寫為「Criminal Investigation Division」，中文譯意為「刑事偵緝部」，目前該營的 CID 英文縮寫，沿用了第一次世界大戰美國陸軍刑事偵緝部成立以來的縮寫用法。該營總部如前所明，設在加州洛杉磯郡貝爾市，該營的分隊主要分布在亞利桑那州、德克薩斯州以及華盛頓州等地。

二〇一〇年三月，三九三憲兵刑事偵緝營，因其在二〇〇九年四月七日至二〇一〇年二月二十四日期間，負責指揮、管理伊拉克境內聯軍五個重要軍事法庭，及其刑事

偵緝情報分析，有效阻止了敵方反聯軍勢力行動，被美國陸軍授予功績卓越嘉獎單位。

此外，三九三憲兵刑事偵緝營在該時期，同時被聯軍列為在伊拉克地區軍事部署的唯一憲兵刑事偵緝營，承擔軍級刑事偵緝先遣營角色，負責處理伊拉克境內敵軍可能對聯軍安全構成威脅的案件分析與情報偵察。

三九三憲兵刑事偵緝營的徽章（DUI，又稱「部隊徽章」）設計於二〇〇五年該營成立時，並在該年的八月三日獲得國防部批准使用。三九三憲兵刑事偵緝營的徽章特徵，由一「四分」盾牌構成，使用綠色和金色打底，綠色代表了軍隊力量，金色為憲兵部隊官方顏色。

四分盾牌左上角「熊」形圖案，代表了該機構總部所在地加州；右下角「鐘」形圖案，代表了憲兵時刻保持警惕，為任何敵人的可能入侵行動，做好提防準備。同時，「鐘」形圖案也意指了該機構總部位於洛杉磯郡貝爾市。盾牌中利劍出鞘，代表了軍事行動象徵。

三九三憲兵刑事偵緝營的座右銘為「真理與正義」，採用金色打底，表明了該營在保證「真理與正義」，有著卓越的貢獻和崇高的成就。底座的深紅色卷軸，展現了該營自成立以來的犧牲精神和無畏勇氣。

我從二〇一二年四月十九日收到調任三九三憲兵刑事

偵緝營工作文件，至二〇一四年八月十四日離職，該營由第二〇〇憲兵司令部直接管轄、指揮。

二〇〇憲兵司令部於二〇〇六年三月六日由前二二〇憲兵旅組建，二〇〇八年四月十六日，馬里蘭州米德堡被指定為該司令部的永久駐地，使其成為美國陸軍現役兩個憲兵司令部之一，該司令部的座右銘為「作最好的指揮」。二〇〇憲兵司令部是目前國防部管轄範圍內最大的憲兵組織，也是美國陸軍四大警務部之一。

該司令部為美國陸軍預備役部隊高級軍法執行機構，下屬單位包括不同刑事偵緝組、軍牧、軍事史研究以及公共事務分析處等。該憲兵司令部監管分布在全美各地四個旅、二十二個營、五十三個連，共計一萬四千名官兵，為陸軍預備役提供百分之九十七以上的憲兵兵源，以及負責執行軍隊刑事偵緝任務。

戰時狀態下，二〇〇憲兵司令部也曾被指定為戰區拘留行動指揮中心，分析軍方作戰路線安全狀況；執行戰俘拘留、重新安置任務；以及為聯軍行動，提供刑事偵緝和憲兵支援。

二〇〇憲兵司令部全彩徽章的主打顏色是綠色和黃色，該部徽章採用古代歐洲衛兵使用的長矛交叉，象徵合作與肅衛。徽章上的地球儀，代表了該司令部的指揮、行

動權範疇,具備全球性。徽章上一把直立利劍,疊加天平,代表了該司令部以軍事為使命,以維護軍紀與軍法的公平正義為職責。

三九三憲兵刑事偵緝營徽章　　二〇〇憲兵司令部徽章

就個人理解而言,在人類歷史的發展進程中,顏色與圖案具有鮮明的象徵意義。透過顏色和圖案,人類社會賦予不同的事物特定的價值和意義。宗教如此,軍隊亦復如是。從某種意義上來說,軍隊是人類歷史上非宗教模式的極度「宗教」呈現,軍隊與宗教的關係,在歷史淵源上難解難分。譬如,原產於古代中東地區的一神教《聖經》與《可蘭經》中記載的摩西與穆罕默德,本身既是他們那個時代的宗教創始人,也是當時的政治和軍隊最高領導人。

不同於現代社會的政治人物去魅化,古代社會政治人物多半透過宗教「神蹟」,強化自身統治地位的合法性。

譬如，摩西與穆罕默德既透過宗教信仰理念指揮軍事行動，也藉由宗教展現神蹟，掌控政治資源和行使個人絕對權力意志。

雖然古今事有不同，但是人類思維模式的相近，無疑有跡可循，不會隨時間的流逝而消失。在人類上下幾千年的歷史長河中，從古代至當代，軍隊在政治文化宣傳上，仍然保持著古老宗教儀式中類似「神蹟」的顏色圖案特徵，並據此賦予自身軍事行動以目的和意義，進而影響社會民眾的價值取向。

從宗教類型學的概念而言，制度性宗教的特徵主要有三：（1）透過神學解釋人類與宇宙之間的關係；（2）透過形式化，祭祀特定的對象（如神明、上帝等）；以及（3）透過教會組織，傳播神學、舉行宗教儀式。

軍隊在某種意義上也具備了制度性宗教的三點特徵：（1）軍隊透過規範的宣傳手冊和司法典籍，詮釋殘酷戰爭與神聖和平之間的關係；（2）軍隊等級森嚴，權力結構層次分明，形同教會組織模式；以及（3）在軍法軍規條列允許的原則下，軍隊以組織的形式傳播價值觀念，創造具有宗教性質的「祭祀」儀式──如指揮權變更與出征儀式，以及顏色「圖案」（徽章）和崇拜、祭祀「對象」（如英雄人物）等儀式。當然，這些只是個人的膚淺認

識，正確與否，留待智者分明。

依據陸軍預備役人事部調任文件的要求，我在二〇一二年四月十九日上午八點，準時帶著陸軍文件，到三九三憲兵刑事偵緝營總部報到，開啟了我人生中陸軍弘法的初次體驗。說「初次體驗」，是因為這是我人生中第一次走出寺院，進入社會事業單位工作。這種體驗對當時的我而言前所未有，內心既感新鮮、好奇，又夾雜著未知、恐懼和不安。

特別是考慮到我至陸軍弘法的選擇，將在北美當地華人佛教社區引起爭議，還有個人作為宗教人士與陸軍軍官的身分，可能存在的自我身分認同困惑。這種體驗即便到了今日，也還是一般社會人所無法體會的。

此外，作為「陸軍弘法」新人，在完全沒有從軍經驗，未至南卡傑克遜堡接受陸軍軍牧中心學校教育的情況下，直接進入聯邦陸軍預備役服務，這對當時的我而言，雖然是個難得的學習機會，但也是件極具人生挑戰的事情。

由於我之前的人生，除了在學校讀書和在寺院服務之外，沒有在社會上工作的經驗，對社會事業單位部門的辦事程序和人事交接邏輯不了解，第一天到營部報到，辦理登記手續，對各個部門人事職掌毫無頭緒，不知從何入

手。問錯人、走錯門，時有發生。

　　還好，該營總部對新人報到，有周到的專職人員輔助，總部負責人事事務的藹茉莉三等士官長，為人熱情友善。在藹茉莉三等士官長的幫助下，當日得以順利登記完畢各類文件，接下來兩、三個月的執勤時間，主要是完成三九三憲兵刑事偵緝營有關網路資料安全管理的培訓。

　　三九三憲兵刑事偵緝營注重網路資料安全管理培訓，我在該營服役期間，基本上每個月都有此類培訓。網路安全管理培訓課程主要包括如下兩個方面內容：（1）如何匯報、刪除在國防部網站預覽到不屬於自己級別的電子信件程序；（2）如何正確宣導當年美軍在中東的軍事行動──如「解放伊拉克人民行動」。

　　我仍然記得，當年美軍宣導「解放伊拉克人民行動」的軍事網路培訓中有一道「為何中東恐怖主義組織憎惡美國和美國人民？」的問題。該問題的正確答案是：「因為他們嫉妒恨美國和美國人民擁有的自由民主、法治社會，以及安逸、富饒的生活環境。」

　　該正確答案對於有獨立思考的人而言，無疑簡單粗暴。不過，我想這一「正確」答案的背後，也有其美國社會群體心理作為基礎支持。就像二〇一五年六月，政治素人川普參與第五十八屆美國總統大選，用「讓美國再次偉

大」的口號贏得大選一樣，有一般美國群體心理的基礎支持。

十九世紀末，法國著名人類學家、心理學家和社會學家勒龐（Gustave Le Bon），曾在其出版的經典名著《烏合之眾：大眾心理研究》中闡述了這樣一種觀點，在社會群體的心理特徵中，個體的獨立思考往往被群體淹沒和取代，最終受群體心理的影響，個體的獨立和理性意識會隨波逐流，化為情緒、無異議以及低智商等。

不管大家認可勒龐的觀點與否，我個人認為勒龐「烏合之眾」的群體心理特徵，不管在宗教、政治、經濟、文化還是軍事領域都存在，同時也清楚地解釋了為何二十一世紀的今天，一般的美國群眾仍然可以接受「為何中東恐怖主義組織憎惡美國和美國人民？」問題的正確答案為「因為他們嫉妒恨美國和美國人民擁有的自由民主、法治社會，以及安逸、富饒的生活環境」。當然，這只是個人的不成熟看法，不代表其他人的意見。

二〇一二年四月十九日，我在三九三憲兵刑事偵緝營總部報到登記結束，隨後五天內（四月二十四日），收到華盛頓陸軍軍牧總部負責管理候選人項目西弗德少校軍牧的電子信件，對我正式到三九三憲兵刑事偵緝營報到任職表示祝賀，同時指出該營目前在任的尹旻奎上尉軍牧，為

我直接督導人，上級督導人為二〇〇憲兵司令部副執行長申誌鎬少校軍牧，並附上二人的聯繫方式。

　　西弗德軍牧表示，我在該營總部的日常工作，必須依據軍規，遵循上下級指揮鏈原則，接受工作安排，及時匯報工作情況。如有緊急事件，需和二〇〇憲兵司令部申誌鎬軍牧聯繫，必須先與營部尹旻奎軍牧溝通之後，才可以聯繫申誌鎬軍牧，不得在沒有溝通的前提下，擅自越級聯繫上級。

　　西弗德軍牧本人的角色，主要是負責我陸軍軍牧的學校教育，以及外調不同軍區見習時間安排。由此可見，當年陸軍預備役軍牧候選人的管理模式，分兩條線進行。一條為在地陸軍實習管理制度，由當地所在軍牧部門上下線管理；另一條為軍牧學校教育與外調見習管理制度，由華盛頓陸軍軍牧總部專人專線負責管理。

　　我在二〇一二年四月十九日到三九三憲兵刑事偵緝營總部報到登記時，沒有遇見尹旻奎軍牧，後來得知當時他本人所在橘郡富勒頓市任職的韓國教會有活動。我隨後在四月二十四日收到西弗德軍牧發來的電子信件的當天，給尹旻奎軍牧發了封電子信件介紹自己，並詢問他下個月營部的執勤時間安排。

　　信件發出後兩、三天，不見尹旻奎軍牧的回覆，於是

我打了電話給他。尹旻奎軍牧接了電話，雖然他的英語口音較重、語句斷續，但我還是聽懂了三九三憲兵刑事偵緝營的下次週末執勤時間，在五月五日與五月六日兩天，報到時間為早上七點三十分。電話結束後，尹旻奎軍牧發了封電子信件跟我確認，感謝我打電話給他，並將他任職的教會地址發給我，歡迎我有空到他的教會參觀。

軍牧辦公室人事變動

二〇一二年五月五日星期六早上七點三十分，我在三九三憲兵刑事偵緝營總部軍牧辦公室見到了尹旻奎軍牧。

當年的尹旻奎軍牧五十歲出頭，個頭不高，身材有些發福，個性和藹而有牧者風範。他熱切地歡迎了我，為我介紹了當天軍牧辦公室的主要事務：早上八點參加指揮官會議，九點步行到軍車停放區域，檢查車輛狀況，以及探訪在軍車停放區域工作的官兵。

參加早上八點鐘會議之前，尹軍牧和我在三九三憲兵刑事偵緝營總部軍牧辦公室，進行了簡單的交談，內容主要是對彼此之間來美的經歷，以及為何選擇軍牧職業，進行了交流。當天早上八點的指揮官會議時長約四十分鐘，會議結束之後，尹旻奎軍牧把我介紹給營部指揮官塞伯特中校。

我在二〇一二年四月十九日依據華盛頓陸軍軍牧總部調任指令文件指示，到三九三憲兵刑事偵緝營報到登記後，當天下午五點回到常住寺院，曾透過谷歌搜索了軍方

網路上有關塞伯特中校的個人公開資料介紹。

據軍方網路上公開資料介紹，塞伯特中校德州出生長大，十九歲入伍，一九八七年在德克薩斯大學阿靈頓分校刑事司法學士畢業，授少尉軍銜，開始他的軍旅生涯。隨後塞伯特中校經由個人努力，在鳳凰城大學獲得組織管理碩士學位。在塞伯特中校的軍旅生涯中，他指揮過的部隊曾在瓜地馬拉、波士尼亞、波斯灣和阿富汗等地部署作戰，並參與當地戰後社會的秩序重建。

二〇〇九年，塞伯特中校被國防部調至陸軍八十二空降師總參謀部工作，隨該師總參至阿富汗，擔任阿富汗國家警衛隊首席執行官，同時負責指揮開伯爾山口戰略要塞軍事基地駐守任務。

由於塞伯特中校有效的領導、溝通能力和傑出的軍事指揮才能，保障了北約各國百分之八十的商業物資從巴基斯坦順利進入阿富汗境內。此外，在塞伯特中校的努力下，北約各國與阿富汗邊境商貿安全得到了保障，促進了阿富汗和巴基斯坦政府之間的信任，進行定期而有效的談判。

我見到塞伯特中校時，這位為國奉獻一生的老兵，已然滿頭銀髮，當時正在計畫著一、兩年內退休，然後回德州老家安度晚年。其時，他對尹旻奎軍牧的關心、問候及

謙和的態度，使我第一次見到身經百戰、關照下屬的領袖人物特質。

塞伯特中校對營部新成員的到來表示了歡迎，並在會議開始之前預留了大約兩、三分鐘的時間，讓我向與會人員作簡單的自我介紹。塞伯特中校的做法，讓部門新成員感到了作為一個團隊成員的意義和重要性，也讓我看到了好的領袖對看似不重要的微細情節，也投以恰到好處的關注。

會議在八點四十分結束，散會前，塞伯特中校邀請尹旻奎軍牧為與會者及營部當天的工作順利禱告，之後我隨同尹旻奎軍牧前往軍車停放區域，探訪在該區域檢修車輛的官兵。在隨行的過程中，我具體地觀察了尹旻奎軍牧與官兵的互動，過程受益良多。

尹旻奎軍牧的英文口語雖然不佳，和官兵交流起來明顯有些吃力，也拙於言辭表達，但是尹軍牧的「拙」中帶著真誠和微笑，使人在和他的交流中如沐春風，直接感受到「現前牧侍」的牧者精神。這樣的精神，在我的觀察中對有宗教或無宗教信仰的官兵而言都是寶貴的，令人愉悅而具有牧侍權威特性。

伴隨著現前牧侍精神及牧侍權威特性的傳遞，我觀察到官兵在與尹旻奎軍牧的交流中，雖然有時對尹旻奎軍牧

說的話需要進行第二次甚至第三次確認，但是官兵們看到尹軍牧到來時，臉上展現出來的愉悅神情，無疑說明了尹旻奎軍牧的現前牧侍精神及其個人作為牧者的牧侍權威特性，得到了將士的認可與尊重。

這是難能可貴的，同時也引起了我在日後陸軍弘法過程中，對不同基督教堂軍牧的現前牧侍精神及牧侍權威特性的持續關注。可以說，二〇一二年五月五日這一天，我過得充實而有意義。當日工作結束，準備離開營部回寺院之前，尹旻奎軍牧告知我，五月六日會有另一位軍牧來營部報到，明早大家將在軍牧辦公室見面、會談，具體事宜明日見面細說。

二〇一二年五月六日星期天早上，我提前十五分鐘來到營部，進入軍牧辦公室時，尹旻奎軍牧已在辦公室，坐在他的電腦前閱讀文件。尹旻奎軍牧見我進入辦公室，在我的辦公桌前放好隨身攜帶的物品，他放下手頭上的工作，和我熱情地打起招呼，然後接著昨日自我介紹的話題內容閒聊起來。

在閒聊中，我進一步了解到尹軍牧在他當時任職的韓國教會，已經服務了二十多年之久，是位年長的牧師，同時也是該教會的行政主管，負責該教會的日常事務、年輕牧師教育和國際傳道工作安排等。

我之後在網上搜索了尹軍牧任職的韓國教會資料，了解到該教會是個具有國際性影響力的基督教福音派組織，在當地社區和國際上，有強烈對外向非基督徒傳播耶穌基督福音的口碑。

不過，當時我在尹旻奎軍牧的身上，倒是沒見著他逢人便傳播耶穌基督福音的特徵，只覺得他是位受過良好教育、有修養、有豐富國際傳道經驗、令人尊敬的牧師。當然，這也可能是因為我們之間剛認識不到兩天，他覺得向我傳播耶穌基督福音的時機尚未成熟吧！

大概在早上七點四十分左右，軍牧辦公室進來了一位新訪客——韓正民中尉軍牧。這位新來的客人，年紀約三十六歲左右，身高大約一米七，軍裝合身，神采奕奕，直覺是位朝氣幹練、訓練有素的軍人。

尹旻奎軍牧起身歡迎了韓正民軍牧，作為新人的我，也隨行起身歡迎。簡單打過招呼，大家就坐。尹軍牧建議，會議前大家先向主禱告，希望接下來的一天營區牧侍工作順利。

當時，作為佛教徒的我遲疑了片刻，尹軍牧意會到我的遲疑，問我佛教徒是否也有早晚禱告的習慣？我回道：「有的，不過方式不同。」

他說：「沒關係，我和韓軍牧禱告，你以個人的方式

參與或觀察都可以。」我表示同意,靜默地坐在一旁觀察他們二人禱告。

只見尹軍牧和韓軍牧一起俯首低頭,手掌微微向上舉起,然後尹軍牧用韓文語氣誠懇地禱告起來。禱告結束之後,我們輪流做了全面的自我介紹(出生地、來美時間、婚姻家庭狀況以及教育與工作經歷等),從介紹中我較為全面地了解了韓正民軍牧其人。

韓軍牧出生於韓國釜山,在韓國高中畢業後,隨父母移民到美國密蘇里州。幾年後在當地大學畢業工作娶妻,育有一子一女。韓軍牧在三十歲前,碩士畢業於密蘇里聖路易斯韋伯斯特大學網路資料安全管理系,之後入伍陸軍預備役,從事網路資料安全管理的工作。

據韓軍牧自己介紹,六年前遭逢人生低谷,個人事業和家庭關係同時遇到困難。彼時平日來往信仰聯合基督教會的朋友,介紹他到教會參加週日禮拜。據韓軍牧回憶,他和家人在教會朋友的每日關懷、鼓勵、禱告下,內心得到了療癒。

又據韓軍牧所說,上帝不久聽到了教會朋友為他和家人的禱告,很快賜福,使他從人生低谷走了出來,個人事業一帆風順了,家庭關係也變的和睦了。此後,韓軍牧感受到了上帝的召喚,在當地聯合基督教會受洗,之後以三

年的時間一邊工作養家，一邊在當地神學院修完神學碩士學位，受封為聯合基督教會牧師，並在該教會的幫助下，從陸軍網路安全管理部門，申請進入陸軍軍牧系統工作。

二〇一一年，韓牧師順利通過軍牧職位申請，授陸軍中尉軍銜，該年九月初前往南卡羅萊納傑克遜堡接受軍牧學院教育，十二月中旬畢業。依據韓軍牧的介紹，由於他從外州搬來南加州洛杉磯，雖然在二〇一二年初收到了陸軍預備役人事部門調任三九三憲兵刑事偵緝營總部的文件，但是一直延期到了該年五月份才來報到。

也正是在這次的見面會議上，尹旻奎軍牧說自己由於教會與家庭事務，在三個月前已向陸軍申請退役，申請文件已經通過，大概在接下來的兩個月內，會陸續辦理好退役手續。

此次韓軍牧來報到，依據調任文件指示，將在尹軍牧離職後，接任三九三憲兵刑事偵緝營軍牧職務。尹軍牧同時指出，在他離職後，韓軍牧將是我的直接督導，上級督導仍然是二〇〇憲兵司令部軍牧處副執行長申誌鎬少校軍牧。

尹旻奎軍牧同時也指出，八月底將有另一位軍牧候選人，分配到三九三憲兵刑事偵緝營來見習，希望屆時韓軍牧能夠提前與這位候選人取得聯繫，看看她報到的當天需

不需要交通安排。會議結束後，尹旻奎軍牧帶著韓軍牧到指揮官辦公室作人事介紹，出門前並安排我與營部負責人事事務的藹茉莉三等士官長聯繫，請她為我提供電腦培訓課程鏈接，並設定我的網路訪問權限等。

尹旻奎軍牧在六月底週末來營部領取指揮官簽署有關他本人的退役文件，然後到軍牧辦公室來和韓軍牧交談，兩人一起禱告，此一情景給我的印象深刻。韓國基督徒的團契精神的確很好，這也可能與他們民族本身的團結有關。

兩人禱告結束之後，尹軍牧跟我打了招呼，熱心地詢問我當時在營部的工作狀況，以及從寺院到軍隊的環境變化適應程度等。我和他一一做了交流，我感覺尹軍牧不僅是位基督徒，也是位有儒者風度的基督教牧師。

而據他自己所說，早先在韓國曾學過儒家文化、背誦過唐詩宋詞。此次與尹軍牧的交流，是我倆的最後一次交流，之後便斷了聯繫，好似一切都不曾出現過一樣。果然，「職場無朋友」。

八月二十五日星期六，我如往常一早到三九三憲兵刑事偵緝營總部執勤。早上八點三十分左右，負責營部資源供給的迪瓦斯上尉，約我在藹茉莉三等士官長辦公室開會，討論十一月感恩節前將要進行的軍人與家屬聚會活

動。活動計畫租用附近海軍基地的兒童樂園設施場地，以方便家屬同小孩一起互動，同時規畫了活動的參與人數，以及需要的資金和物品等。

迪瓦斯上尉表示，除了營部可以提供必需品之外，活動所需近五百美元的開支，需我們自己想辦法解決。經由討論分析之後，藹茉莉三等士官長提議，可以訂製三十五件印有三九三憲兵刑事偵緝營徽章圖案標誌的長袖襯衫，成本控制在十美元之內，銷售價定在二十美元，予總部工作人員認購。這樣一來，可以籌集三百五十美元，剩下的一百五十美元，可於接下來的週末，在營區門口向進出官兵兜售甜甜圈籌集。

當時一個甜甜圈的商店零售價壹美元，迪瓦斯上尉表示，可以就近定一百五十個，每個售價兩美元。這樣一來，活動所需的五百美元資金缺口也就補上了。

會議大概在當天早上九點三十分左右結束，迪瓦斯上尉與藹茉莉三等士官長表示，希望我可以幫忙負責銷售襯衫、甜甜圈，以及管理銷售所得資金。我表示依據美國陸軍《軍牧行為守則》條文規定，軍牧不得以任何形式參與籌集資金或管理資金活動，作為軍牧候選人，我不太確定自己是否可以這麼做，需先諮詢韓軍牧，然後才可以答覆他。迪瓦斯上尉表示理解，並說他會進一步和韓軍牧就此

事諮詢意見，因當時總部正在準備年度訓練，實在找不到其他人手來負責籌款這件事。

在我們討論結束，我正準備離開藹茉莉三等士官長辦公室時，有位女生來到辦公室遞交文件，我見她制服右胸上方佩戴的軍牧候選人徽章，想起之前尹旻奎軍牧提過，八月份會有位軍牧候選人來營部報到，想必就是她了，於是我對她打了招呼，之後彼此做了簡單的自我介紹。

她的陸軍制服右胸上的姓為萊恩，萊恩說她的名字叫珍妮佛。萊恩二十五歲，摩門教徒，身高一米六五左右，已婚，一頭金色的秀髮挽髻，笑起來臉頰有淺淺的酒窩。當時的萊恩軍牧候選人，還在神學院修讀神學碩士學位。

我在藹茉莉三等士官長辦公室外，等萊恩軍牧候選人遞交完報到文件後，作為「引路人」帶她到軍牧辦公室見韓軍牧。韓軍牧當時正在辦公室的電腦前，整理前任留下的營部軍牧使用手冊，見到萊恩軍牧候選人的到來，韓軍牧從電腦桌前起身，對她表示了歡迎，並說很高興她能夠按照自己前天發送的電子信件訊息，找到三九三憲兵刑事偵緝營總部二樓行政區。

韓軍牧說他本來想著今早到營部門口接她，不過還是太忙了走不開。萊恩軍牧候選人表示理解，接下來我們三人在軍牧辦公室，進行了差不多一個小時的交流，內容從

自我介紹至家庭生活、宗教信仰，以及未來軍牧辦公室工作計畫等。

　　談到宗教方面，我注意到作為摩門教徒的萊恩，與來自聯合基督教會的韓軍牧，對耶穌基督的「神性」理解，在本質上有著顯著不同，甚至存在矛盾的地方。萊恩認為，耶穌有超升的神為父，有凡人為母。耶穌是神和人結合的兒子，是會死的凡人，而不是神。同時，由於耶穌是神和人結合的兒子，所以他能成為人類的救主。

　　聽她這樣介紹，我個人的理解是，這有點類似於希臘神話中，宙斯和人間女子生兒的故事演繹，最後神兒長大擁有超於凡人的神力，所以能救人。當然，這只是我個人的理解，必然與摩門教的理解和詮釋不同。

　　摩門教雖然是個金字塔型結構的宗教機構，但是沒有固定的神職人員，只要信教，基本上所有的教徒都可以是「牧師」，參與主持教會禱告、傳道和聖餐禮儀式等。

　　不過，摩門教對於耶穌的「神性」解讀及其教會傳道模式，在韓軍牧看來是不成立的，韓軍牧的信仰認為耶穌就是神，是上帝和聖靈的一體，是世人和其他宗教佛神仙等等的唯一救主。也因此，交談中他還不忘對我說：「我常替振禱告，有天他也能信主耶穌，因為主耶穌是唯一的路。」

聽到韓軍牧此言，我內心雖不舒服，為他的愚昧和無知感到難過，但想到韓軍牧是位受洗的福音派教會牧師，抱持以耶穌基督「救主」的信念「救人」，既是他的「本來面目」，也是他作為牧師的本職工作。如魚的天性能游水、鳥的天性能飛空、馬的天性能識途。本來如此，無可厚非。

當然，至於是否認同他口中宣稱的「唯一的路」，我內心自有分寸，委婉地回他：「陸軍軍牧總部明文規定，宗教信仰多元化，尊重官兵不同的宗教信仰，我覺得總部關於宗教信仰多元化的規定很好，很周全。」

聽我這麼一說，韓軍牧也只好尷尬一笑，沒有再多說什麼。不過至此以後，直到他在二〇一三年七月從陸軍軍牧系統退出，轉回原先從事的陸軍網路資料安全管理工作，也沒有再提起「替振禱告信主耶穌」的事。

當天早上，我們三人除了宗教信仰和見解有所不同之外，會議交流的過程還是愉快而有建設性的。藉由這次的會議交流，大家也明白了各自的信仰立場，對不同的宗教教義保持了應有的尊重。作為佛教徒的我，也學會了避免跟基督徒交流有關「耶穌基督」的話題，以免自惱惱他，著重將精力放在營部弘法工作上。

此次的會議交流，也使我第一次對二十世紀美國通俗

歷史作家房龍先生在《寬容》一書中，提倡理性、開放、客觀、寬容看待不同宗教信仰，而非愚昧、無知要求別人信仰自己認為「唯一的路」的意義。

不過話說回來，即便在房龍先生逝世八十年後的今日，問題也還遠沒有得到解決。身處二十一世紀的人們，仍然需要在日常生活中，面臨同不寬容的宗教信仰作抗爭的事實。如果說人類在漫長的進化過程中，存留下某些無法進化的劣質「基因」。那麼，愚昧、無知、排他及獨斷意識便是了。我想，這也符合佛教所說「無明緣行」的人間因果定律。

就我個人在美國十多年的弘法經歷而言，遇見過一些很有熱情、向別人傳教的新教牧師──特別是福音派牧師，他們熱情而目的性明確地向我靠近、傳教，先是禮貌性地邀請我參加教會活動，一段時間之後，彼此建立一定的人際信任關係，便開始試探性地勸我受洗成為基督徒，告訴我只有信耶穌基督才是唯一得救的路。

在與這些新教牧師的交往中，有的會在有意無意間提醒我，信仰佛教是錯誤的，佛是人不是神，跟人學不會有結果，只會誤入歧途，只有信神才能得救；說我活在這個世上的理由和目的，是奉主耶穌。他們說這些話時，往往出於自身的宗教信仰，而非對佛教的理解。有的為了達到

傳教的目的，甚至不惜編造個人「見證」故事，希望以此來說服我改信宗教。

我尊重所有人的宗教信仰，不會因為別人不了解佛教而有偏見。不過有時我也會想，如果勸我改信基督教的新教牧師們，能夠虛心地理解一點佛教修行解脫的教義，大概也就不會盲目自信，「熱情」勸我改信宗教了。

就我個人而言，有自己的做人底線。在了解此類新教牧師的意圖之後，我一般會保持禮貌的距離。個人看來，此類牧師雖滿懷傳教熱情，但眼界狹隘、盲信獨斷、愚昧排他。有時為了達到向別人傳教的目的，甚至不擇手段。譬如編織各式各樣的「見證」奇蹟故事，甚或藉由「流言」、「蜚語」、「緋聞」來貶低、誹謗其他宗教信仰人士等。

當然，社會上也有許多好的基督徒。在我交往的基督教朋友中──天主教神父、新教牧師，及一般的信教徒眾──許多人給我的印象謙虛誠懇、學識淵博、待人處事恰到好處。這類基督徒是人生難得的良師益友，交往起來令人如沐春風。

二〇一二年八月二十六日星期天早上八點三十分，韓軍牧在辦公室簡單地安排當天的工作任務之後，便帶上我和萊恩軍牧候選人一起參加了營部指揮官會議。會議結束

之後，指揮官熱情地歡迎了萊恩，並如往常一樣邀請軍牧為營部該月工作順利禱告。

禱告結束，指揮官先行離開。彼時，迪瓦斯上尉從會議桌對面起身，同韓軍牧、我及萊恩打了招呼，然後將他昨天希望我與萊恩幫忙賣甜甜圈籌款，以及保管收入資金的事，與韓軍牧進行了意見交流。

我本以為韓軍牧會以陸軍《軍牧行為守則》條文規定，告知迪瓦斯上尉，軍牧人員不得參與籌款或資金保管工作，沒想到韓軍牧對迪瓦斯上尉的提議，想都沒想就爽快地答應了下來，說沒問題，並指派我和萊恩軍牧候選人，下個月週末開始負責在營區總部門口賣甜甜圈，協助十一月份感恩節軍人與家屬活動籌款，迪瓦斯上尉對韓軍牧的配合和支持表達了感謝。

回到軍牧辦公室，我把自己關於陸軍《軍牧行為守則》條文規定疑慮，向韓軍牧進行了匯報，並詢問我和萊恩協助籌款及保管資金事宜，會不會不妥當？是不是先諮詢一下上級，二〇〇憲兵司令部軍牧處副執行長申誌鎬少校軍牧，看看他怎麼說再決定？萊恩表示同意，因為她也認為依據陸軍《軍牧行為守則》規定，我們不能親自參與籌款活動、收集、管理金錢。

韓軍牧表情極為不悅地回道：「你和萊恩只是候選

人,還不是正式的軍牧,不受陸軍《軍牧行為守則》條文規定約束。記住,你們在這裡的目的是見習,我希望你們多參加營裡的各類活動,體驗不同的工作任務,這對你們日後的工作有好處。」見他如此一說,我們也只好默然不語。

此後,營部為了準備年底的訓練,定期檢查存放在武器庫的槍械。主要任務是把槍枝取出來,在庫內鋼板製成的長桌上按順序排放開來,拆卸、擦拭、上油,然後重新組裝,放回庫內。

韓軍牧指示我和萊恩候選人定期到武器庫,幫忙排放、拆卸、擦拭、上油槍械,這明顯與陸軍《軍牧行為守則》規定軍牧在工作期間不得佩戴或手持武器的規定相違背。

依據條例規定,軍牧可以到武器庫為官兵提供宗教諮詢和牧侍關懷,但不可以手持、擦拭或拆卸武器等,避免破壞陸軍條例規定軍牧非戰鬥人員,不得手抓武器的明文規定。特別是在網路發達的二十一世紀,更需要防範被人有意拍照上傳社交網站,破壞軍牧非戰鬥人員的形象。

二〇一二年九月與十月底的兩個週末執勤時間,我和萊恩候選人除了早上在營部門口賣甜甜圈籌款之外,其他時間分別待在武器庫與官兵們一起排放、拆卸、擦拭槍

械，以及在營部軍用車輛停放區域，探訪檢修車輛的官兵，提供宗教諮詢與牧侍關懷。

我仍然記得，二〇一二年九月二十九日星期六，營部負責官兵訓練和作戰計畫部署的布朗少校，見我和萊恩在門口賣甜甜圈，走過來問道：「你們二位為何在此賣甜甜圈？」我回道：「長官，為了十一月感恩節的活動籌款。」布朗少校接著問：「韓軍牧知道這事嗎？」萊恩接道：「知道的，長官，這個任務就是韓軍牧安排的。」萊恩語氣中帶著失望。

相信她和我一樣，對韓軍牧不尊重軍牧條例，把我們放到如此尷尬處境，心有不滿。至此，布朗少校沒再說什麼，掏出兩美元買了一個甜甜圈，說了聲謝謝，然後便轉身回他的辦公室。

布朗少校作為營部負責軍隊訓練和作戰計畫部署負責人，在軍隊工作超過二十年，自然熟悉各類軍規條例。在軍隊系統中，布朗少校同時也是韓軍牧的第一級督導和季度工作評審人。雖然他對軍牧職責不一定全盤了解，但是對於軍牧不能參與籌款、管理金錢工作，以及手持、擦拭或拆卸武器，這類常識性知識還是清楚的。這無疑將對韓軍牧日後在營部的工作，帶來負面的影響和不利的後果。

事實上，在布朗少校之前的二〇一二年九月底週末最

後一天下午的執勤時間,曾有位負責管理武器庫的士官長問我和萊恩,為何會在庫裡擦拭武器?

「你們在這裡幹什麼?誰讓你們來做這個的?」士官長問。在得知這是韓軍牧的安排之後,他也就沒再多說什麼,只是在跟萊恩接下來的交談中,具體了解了事情的來龍去脈之後,開玩笑地說了句:「你們的軍牧簡直就是帝國軍閥辛戟(Warlord Zsinj)嘛。」

只見萊恩軍牧候選人,忍不住和士官長笑出聲來,我站在兩人中間默不作聲,士官長見我不語,以為我心有不悅,覺得無趣,便藉故走開了。

士官長走後,萊恩問我知不知道帝國軍閥辛戟是誰?我雖然知道這是電影《星際大戰》裡的反派人物,超級滅星者旗艦統帥,但是我的為人處事原則是不在背後議論別人好壞,習慣了有事和人當面說清楚。

此外,我也認為軍牧作為神職人員、宗教人士,彼此之間應該互相照顧,避免是非,遭人譏嫌,而自毀形像,因此答道:「不是很了解,應該不是什麼好事吧?」萊恩表情慎重地說道:「韓軍牧這樣下去會給自己惹來麻煩的,我想我必須跟他談談我的真實看法。」

如今執筆回想,萊恩大概是在二〇一二年十月二十八日星期天下午,我倆在營部軍車停放區域執勤,探訪官

兵，提供宗教諮詢與牧侍關懷期間，向我提起了她跟韓軍牧交流自己想法的過程無果。她說韓軍牧不僅用之前的話反駁她，還夾帶了上級教訓下級的語氣，重複她只是個候選人，不具備軍牧資格，所以不受陸軍《軍牧行為守則》條文規定約束，只需按照他的指示辦事就對了，有事由他負責。

萊恩對於韓軍牧的「領導」方式和「督導」能力，表示了不服與懷疑，向我提及，既然韓軍牧不能給她有說服力的督導意見，領導方式又極為不合情理，她懷疑韓軍牧為了和營部相關部門的工作人員搞好關係，不惜破壞陸軍《軍牧行為守則》的明文規定。

萊恩表示，既然無法從韓軍牧處得到滿意的回應和合理的督導，她將越級向二〇〇憲兵司令部軍牧處副執行長申誌鎬少校軍牧發送電子信件，就有關此事徵詢他的具體指導意見。

我在仔細傾聽了萊恩的想法之後，提議是否可以再等等，看看事態的進一步發展再說？萊恩表示這件事越快解決越好，對三九三憲兵刑事偵緝營軍牧團隊的形象和工作，可產生積極、健康的效果。不然，這樣下去絕無好處，只會對軍牧辦公室在三九三憲兵刑事偵緝營的當下和未來工作，形成障礙，產生負面的影響。

我同意萊恩的看法，認為她說的有道理，這件事的確是需要得到及時的處理，否則隨了時間的推移，必然有損軍牧形象，進而對軍牧辦公室的工作開展不利，也就沒有再多說什麼。

萊恩大概在十一月初跟申誌鎬少校軍牧發了第一封電子信件，並將該電子信件抄送一份副本給韓軍牧與我。該電子信件內容具體陳述了她本人對陸軍《軍牧行為守則》明文規定的理解，營部部分領導人對軍牧候選人行為的擔憂，並提到了與我的交流意見，以及在韓軍牧處得到的指示和督導，缺乏明確性，希望可以進一步從申誌鎬少校軍牧處，得到明確的指示和督導。

該電子信件語氣尊重，內容詳實，符合軍隊指揮系統條列關於在第一級領導處得不到具體、明確的解決方案時，可以適當的方式向上一級作進一步諮詢，以求有效解決問題的規定。

不過使人意料不到的是，萊恩發出該電子信件後不久，韓軍牧回覆了一封語氣強硬、措辭激烈的電子信件，並且抄送了一份副本予我。在該電子信件中，韓軍牧以上級對下級的教訓語氣，指責萊恩軍牧候選人，在沒有得到他的允許下越級諮詢，違背了軍隊指揮系統原則，表示第一次不予追究，如有再犯將被記過，處以軍規第十五條下

級違背上級指令處罰。

同時，韓軍牧在信件中指出，我作為候選人，有疑問可直接向他本人請示，不要私底下和萊恩交流，因為我們兩人都是候選人，需要得到軍牧的督導。我讀了該電子信件內容之後，感到本來簡單的事件開始變得複雜起來。作為副本抄送人的我，也就沒有回覆的必要。

我相信萊恩也看到了這一點，所以在接下來和韓軍牧的電子信件往來中，不再抄送副本予我。我當時內心保持了對軍隊指揮系統的修正能力，以及經驗豐富的申誌鎬少校軍牧能妥善處理好此事的信任。

此外，我還認為大家都是宗教人士、神職人員，心中自有仁愛、慈悲和智慧，有事說開了也就好了，不至於影響團隊工作和個人生活。因此，事後也就沒想太多。不過這件事情接下來的發展結果，還是出乎了我的意料之外。

二〇一二年十一月十一日週日早上十點四十五分，營部在洛杉磯當地海軍基地舉辦了軍人和家屬聚會，由於該聚會屬於自願參與，而非必須出席的活動。萊恩以家裡有事為由沒有參加。韓軍牧和他太太帶著子女，來跟大家見了個照面，用完午餐後，以有事為由，提前和太太及家人驅車離去，沒有參加接下來午間家屬與子女互動的活動。

當時我雖然感到事情不對勁，但也說不出個所以然。

十二月二十二日週六執勤，我在三九三憲兵刑事偵緝營二樓總部辦公室走廊上見到了萊恩，她說自己正在辦理從三九三憲兵刑事偵緝營轉移到就近某陸軍運輸營軍牧辦公室見習，這次是來遞交文件的。

　　萊恩臨別前祝我好運，成了我們最後的一次見面、交流，此後也就沒有再聯繫過。時至今日，我未再軍中聽過有關萊恩的消息。我想，經此一事，萊恩可能選擇了退出軍牧系統。當然，萊恩也可能在當地教會找到了更好的全職牧侍工作，不需要兼職陸軍預備役的軍牧職務。

指揮權交接與韓軍牧處境

　　二〇一三年一月十三日星期天早上十點三十分，三九三憲兵刑事偵緝營在該營總部喬治將軍紀念館，舉行了塞伯特中校與詹姆斯中校指揮權交接儀式。二〇〇憲兵司令霍爾曼少將，主持了指揮權交接授旗儀式。

　　該儀式的舉行，意味著指揮官權力的移交。詹姆斯中校在儀式上，從塞伯特中校手中接過三九三憲兵刑事偵緝營指揮權。此次指揮權的交接，也意味著三九三憲兵刑事偵緝營總部接下來的一波人事變動。此外，在指揮權交接後不久，我在臉書朋友圈見到塞伯特中校晉升上校，大概兩年後便退役了。

　　在塞伯特中校交付指揮權給詹姆斯中校後，原先他在三九三憲兵刑事偵緝營總部工作的部下，也相繼在半年內從該營總部申請轉至其他營區工作，這其中包括了藹茉莉三等士官長、迪瓦斯上尉和布朗少校等人。

　　隨著詹姆斯中校的到任，陸續帶進來他原先營部人馬，接任之前指揮官下屬工作。這也使我第一次意識到，陸軍預備役指揮權變更，並非簡單的兩個人的權力交接，

而是整個軍營人事部門和管理文化的變化。三九三憲兵刑事偵緝營指揮交接儀式結束後的人事文化的變化,在接下來的一年內,依據指揮官的意願,陸續完成。

這其中唯一沒有發生人事文化變化的單位,是軍牧辦公室及其人員。韓軍牧仍然是三九三憲兵刑事偵緝營軍牧,負責指揮官及全營官兵和家屬的宗教諮詢與牧侍關懷工作,同時也督導、安排我在該營總部的日常工作。

我在之後的工作及與詹姆斯中校的交流中,逐漸認識到詹姆斯中校是位傑出的職業軍人、指揮官,同時也是位虔誠的天主教徒。

依據網上軍方公開資料顯示,詹姆斯中校畢業於加州州立大學弗雷斯諾分校,主修犯罪學。一九九一年初入伍陸軍預備役一〇一空降師,專職憲兵。一九九一年三月十九日至一九九四年三月十八日,詹姆斯中校服役於陸軍現役,並在二〇〇三年三月十五日至二〇〇四年二月六日,隨一〇一空降師外派伊拉克,參與「解放伊拉克人民行動」。

從其個人的履歷來看,由於出色的軍事指揮才能,在伊拉克的聯軍行動中多有建功,先後獲得陸軍銅星勳章、國防部軍功勳章、陸軍成就勳章、陸軍服役勳章、全球反恐戰爭服役勳章、伊拉克自由勳章、全球反恐戰爭遠征勳

章等。二〇〇四年二月六日，詹姆斯中校從伊拉克回到美國南加州橘郡後，由陸軍現役轉入預備役，並在橘郡科斯塔梅薩市警局任警長，直到二〇二一年五月三日新冠疫情期間，以警監職位退休。

詹姆斯中校領導下的三九三憲兵刑事偵緝營文化，比之先前有較大的改變。之前的指揮官塞伯特中校性情溫文爾雅、行事謹慎，關心下屬，但與下屬僅保持工作關係。詹姆斯中校的行事風格有所不同，他辦事雷厲風行，對下屬，除了注重工作關係之外，也注重工作之餘的友誼建立。

詹姆斯中校在任職三九三憲兵刑事偵緝營指揮官期間，定期預訂洛杉磯斯臺普斯中心以及文斯卡利大道小山坡上的道奇球場門票，邀請下屬在工作之餘觀看籃球、棒球比賽，軍牧也在邀請之列。

詹姆斯中校為人直爽好客，有時也會邀請下屬協帶家人外出聚餐，或至其家中小聚。與詹姆斯中校在三九三憲兵刑事偵緝營共過事的人，即便在他晉升上校離開該營，調至夏威夷第三一一資訊作戰指揮部工作後，仍然保持著長期的友誼關係。

作為虔誠的天主教徒，詹姆斯中校對於營部軍牧辦公室的工作，和前任塞伯特中校相較，傾注了更多的時間和

精力。塞伯特中校對軍牧辦公室的工作，採取「放羊式」管理，雖然塞伯特中校尊重營部的軍牧人員，但是對於軍牧辦公室的工作從不過問，也未給予任何的指示和期待。而詹姆斯中校在這方面的行事風格有所不同，一開始即告知軍牧辦公室，他本人對軍牧人員的期待，要求軍牧人員為有需求的官兵做好宗教諮詢和牧侍關懷工作。

同時，為了使軍牧辦公室的工作順利，詹姆斯中校還特地指示該營供應部門協助軍牧辦公室，從可用的資金與資源上提供必要的支持。在詹姆斯中校接任三九三憲兵刑事偵緝營指揮權不久，二〇〇憲兵司令部軍牧處副執行長申誌鎬少校軍牧，曾先後兩次到訪三九三憲兵刑事偵緝營，為總部官兵提供軍牧文化知識及自殺預防課程教育。

就我作為軍牧候選人，在三九三憲兵刑事偵緝營總部見習而言，華盛頓軍牧候選人項目管理人西弗德少校軍牧曾告知，營部尹旻奎軍牧作為我的直接督導，將依據我的個人具體情況，在我報到後九十天內開始規畫我在營部提供宗教服務內容。

嚴格上來講，按照西弗德少校軍牧的說法，我本應該在二〇一二年九月份開始，參與提供營部官兵宗教諮詢與牧侍關懷工作。不過二〇一二年五月份，尹旻奎軍牧由於教會事務原因辦理退役，韓軍牧接替他成為三九三憲兵刑

事偵緝營軍牧以來，除了在二〇一二年九月與十月底，安排我和萊恩在營部門口賣甜甜圈籌款，以及到武器庫幫忙擦拭槍械之外，尚未安排過與宗教服務相關的事宜。

二〇一三年二月二十三日星期六早上執勤，這時距離我二〇一二年四月十九日到三九三憲兵刑事偵緝營總部報到，已然過去十個月，共一百六十小時的週末執勤時間。距離我二〇一二年二月二十三日右手按英譯本《維摩詰經》，左手舉起在星條旗下宣誓成為陸軍預備役佛教宗教師候選人，剛好過去一整年。

當時，尚在總部任職的藹茉莉三等士官長聯繫我，說指揮官指示，要求我明天週日上午為營部官兵提供宗教服務，並詢問我哪個時間段適合？我問她是否有事先徵詢過韓軍牧意見？她回道：「我只要跟你確定就可以了，因為這是指揮官的指示。」

聽她如此說來，我也就不好再說什麼，建議她週日宗教服務，可安排在早上九點五十分，也就是平時指揮官會議結束後十分鐘左右開始，這個時間段營部的官兵比較有時間，適合提供營部週日宗教服務項目的開展。

藹茉莉三等士官長表示同意這是最好的時間段，宗教服務時長可定在三十至三十五分鐘之間，並建議地點可以直接用指揮官會議室。從實用性和節省時間的角度考量，

我表示贊同。又出於對軍隊指揮鏈原則考慮，我還是告訴藹茉莉三等士官長，讓我先徵詢一下韓軍牧意見，這樣比較妥當，也符合陸軍指揮鏈辦事原則。

我個人觀察，軍隊有自己的一套辦公文化和行事規則，凡事小心謹慎，不論在什麼環境和場合，總不會錯。此外，作為我的工作督導，知會對方以表示尊重，也是為人處事的基本原則。

藹茉莉三等士官長表示理解，並說她會先把營部週日的宗教服務時間和地點定下來，等我跟韓軍牧確認了，告知她一聲即可，這樣她就可以把訊息公布到明天營部工作日程表上，下發給其他部門工作人員。

當日中午，我把藹茉莉三等士官長提出指揮官要求我週日提供宗教服務的事，在軍牧辦公室向韓軍牧進行了匯報，並徵詢他的意見。韓軍牧語氣冷淡，表示很好，他本人沒有意見，按照指揮官的要求去辦就好。當時，韓軍牧即刻與藹茉莉三等士官長通電話，確認了我週日早上提供宗教服務的事宜。

二〇一二年十二月二十二日，在萊恩離開三九三憲兵刑事偵緝營之後，我觀察到韓軍牧在營部執勤期間的行為，起了微妙、反常的變化。我發現他經常一個人待在軍牧辦公室不出門，平時在總部辦公區跟其他工作人員碰

面，也顯得極不自然，甚至是緊張。

此外，韓軍牧從二〇一三年一月份開始，對我的工作也不再做任何的安排和督導。作為軍牧候選人的我，當時在三九三憲兵刑事偵緝營的見習狀況比較尷尬，每次到總部執勤，都有種無業遊民、到處流竄的感覺。

由於我的工作需要在韓軍牧的安排和督導下進行，除了營部指揮官本人，別的部門對我的狀況也不了解，更無權過問。因此，營中其他部門工作人員，也就無從知曉我那段時間，在三九三憲兵刑事偵緝營總部見習的尷尬處境。還好我以道家「無為而治」和佛教「緣起性空」的人生觀哲學，來調和當時所處環境和人事關係。雖然彼時心裡難受，但也還能夠做到隨遇而安，心安平安，進而深入了解世人工作謀生之不易，在韓軍牧督導缺席的情況下，與總部指揮官和其他部門工作人員保持及時溝通，逐步建立起良好的人際關係。

我當時預感韓軍牧在三九三的工作，應該是出了某些方面的問題。當然，我的預感也並非空穴來風、無中生有，主要還是建立在對具體事件的觀察上而來。特別是二〇一三年一月十三日，塞伯特中校與詹姆斯中校指揮權交接儀式結束之後，韓軍牧一個人待在軍牧辦公室裡，沒有參加貴賓歡迎會。

當時，這是個重要的場合，二〇〇憲兵司令霍爾曼少將、前任與新到任的指揮官親屬、朋友、神父皆在場。作為營部軍牧，在這麼重要的場合缺席，使我感到不解，也隱約感到事情的不對勁。

　　此外，我也發現自二〇一三年一月十三日之後，新到任的指揮官詹姆斯中校對韓軍牧的態度冷淡，在總部工作的人員，也與韓軍牧保持禮貌距離。這之後，韓軍牧在營部的工作，也就被無形地孤立了起來，這對軍牧辦公室在營部的日常工作，造成了消極、負面的影響，使軍牧辦公室無法發揮為官兵提供宗教服務的應有職能和意義。

　　在這一件微小事情上，我第一次見識了軍隊作為社會事業單位辦公文化的殘酷。從某種意義上來說，甚至可以說是一種令人不寒而慄、冷酷無情的狼性文化，也不為過。社會上一般的事業單位，可能在人情世故方面有通融的餘地，軍隊文化則非此即彼、黑白分明，強調官僚集權和絕對權力的行使，下屬必須絕對服從上級指揮。就個人的理解而言，當代世界各國的政治、經濟、宗教和文化，形式上存在多元共榮、陰陽調和的現象，唯獨軍隊沒得商量及調和的餘地。

　　出現這樣的現象，可能與我之前提到的《孫子兵法・始計第一》中所言：「兵者，國之大事，死生之地，存亡

之道。」有關。顯然，在生死存亡面前，不可能存在商量或調和空間，唯服從，才可能得生存！

也因此，在美國陸軍的人事文化中，下屬以指揮官的意願為己意願，辦事以服從指揮官命令為準則。各軍營的人事文化，因著指揮官的意願不同而變化。當年，我作為美國陸軍預備役佛教宗教師候選人，還沒有到南卡傑克遜堡接受過相關的軍事教育，對軍隊文化的理解有限。

對彼時營部工作氣氛的轉變，感到了不解的同時，對昨日還是韓軍牧朋友的軍官，在明白指揮官意願之後，形同路人的現象感到困惑。使我對陸軍人事文化，進行了反思。對於韓軍牧的處境，既感擔憂，又愛莫能助。

我當時並不知，萊恩在二〇一二年十二月二十二日離開三九三憲兵刑事偵緝營之前，把她自十一月初與二〇〇憲兵司令部軍牧副執行長申誌鎬少校的電子信件，以及後來與韓軍牧的多次信件往來訊息，都抄送了一份副本給華盛頓特區軍牧候選人項目管理人，以及當時三九三憲兵刑事偵緝營在任指揮官塞伯特中校。

同時，萊恩還透過軍隊指揮系統，向營部司法官提交了一份上級對待下級不公投訴，當時的韓軍牧正在接受營部司法調查。他本人也在此過程中，尋求退出陸軍軍牧系統，調回他原先從事的陸軍網路安全管理部門工作。

設定週日佛教服務

　　二〇一三年二月二十四日，我第一次主持了三九三憲兵刑事偵緝營總部的週日佛教服務，內容主要為禪修靜坐（十五分鐘）、佛法講解（十分鐘），以及提供簡短的佛教唱誦結束儀式——《華嚴起止儀》（五分鐘）。該次服務時長三十分鐘，參與禪修靜坐人員，包括了營部指揮官和參謀士官長在內，共九人。

　　由於指揮官和參謀士官長的參與，以及其他參與者的反饋不錯，第二次週日共修時，營部的公共事務部門將禪坐共修的過程錄成影片，進行了宣傳。自此以後的週日宗教服務，增加了來自不同部門的官兵人員。

　　同時，週日宗教服務的時間和地點，在營部的工作日程上也固定了下來，直到我二〇一四年八月十五日從三九三憲兵刑事偵緝營正式離職之前，都未曾改變過。

　　對於當時還是陸軍佛教宗教師候選人的我而言，隨著週日的佛教共修活動的定期舉行和展開，以及該營公共事務部門的助力宣傳，為我提供的禪修服務贏得了營部其他部門官兵的關注和信任，陸續也就有營部其他部門的工作

人員，找我諮詢遇到的人生與家庭困難等問題。也正是在這一期間，我得以深入了解當時在三九三憲兵刑事偵緝營總部工作官兵的個人和家庭實際狀況。

此一時期，我在人生中第一次驚訝發現，美國陸軍預備役人員中，居然有長期無家可歸的士兵。他們睡在自家空間不大的轎車裡過春夏秋冬，平時沒有固定的工作和醫保福利。有的官兵在大學就讀，背負著一定數額的學生貸款，參軍目的主要是為了得到軍隊學費資助，及聯邦政府學費減免福利。

這類官兵與陸軍預備役簽署了一定年限的服務合約。在沒有完成預備役服務合約之前，不得申請至現役部隊服役。此類官兵平日多兼職校外工作，生活過得甚是辛苦、拮据，心理上長期存在壓力。有的官兵經濟管理不善，導致家庭關係破裂。

有的官兵在年度射擊訓練中情緒失控，或把槍械摔在露地，或與士官長鬧彆扭，最後被負責軍事訓練的二級士官長罵罵咧咧地扯著衣領，揪出隊伍，拉到宗教師面前做諮詢。也有官兵外派期間太太出軌他人，向我陳述：「半年後我回到家，正好撞見有個男人光著屁股從我太太的窗戶爬出來。想不到她拿著我拿命辛苦賺來的錢去泡酒吧、睡別的男人！」

有的官兵和妻子離婚後,妻子不同意讓他們在年底感恩節時探望子女。也有長期生活在經濟和家庭糾紛中的上尉連長軍官,以及父母離異後分居臺灣與上海兩地,一個人獨居美國生活的年輕華裔士兵等。種種問題,不一而足。

　　在十二年後的二〇二四年,我以美國陸軍現役第一騎兵師第三旅二一五勤務營佛教宗教師的工作經歷,歸納我之前作為陸軍預備役佛教宗教師候選人,在三九三憲兵刑事偵緝營總部從事與宗教師相關的工作。除了週日提供佛教禪修、探討佛法之外,平時的主要工作,是不帶任何宗教性質的官兵人生、經濟和家庭問題諮詢。

　　在我諮詢過的各式各樣的官兵問題中,以不良家庭關係和經濟狀況影響官兵人生軌蹟事件居多。當然,由宗教信仰方面引起的問題也有。比如,信仰基督教的家人,對不信教或無宗教信仰官兵的偏見等。經濟和家庭問題,潛在地造成了官兵精神狀況不佳,影響營部的軍事行動計畫。人生困惑與宗教信仰問題,主要還是個體意識形態問題,不大會對官兵的工作和軍事行動,產生直接的影響。

　　如今回首我在三九三憲兵刑事偵緝營總部的弘法初體驗,為官兵提供的宗教服務,有我作為僧人長期海外弘法的經驗累積,據此同指揮官及各部門工作人員,建立起長

期友誼關係。又我為營部有需求的官兵提供的諮詢服務，雖協助官兵緩和了痛苦、減少了擔憂，但由於自己當時在西來大學所學，為廣義上的諮詢技能，並不具備針對軍隊背景官兵提供有效諮詢的服務。因此，錯失了許多協助官兵解決問題的大好時機。這常令我深感遺憾，也使我希望早日完善自己在此方面諮詢技能的訓練，以更好、更有效的方式，協助有需求的官兵解決問題。

　　二〇一三年五月十八日，我西來大學碩士畢業，如願以償，進入南卡傑克遜堡陸軍軍牧中心學校，修完軍牧課程，隨後申請到密蘇里州歐紮克郡（Ozark County, Missouri）倫納德‧伍德堡（Ft. Leonard Wood）及西點軍校見習機會，從而得以完善具有針對軍隊背景官兵提供有效諮詢技能的訓練。

Part3
軍校教育與見習

美國陸軍軍牧中心學校教育

二〇一三年五月十八日,我在美國洛杉磯西來大學修完佛教宗教師碩士課程,順利畢業,上午參加學校畢業典禮後,隔日下午,便帶著陸軍指令文件,從洛杉磯國際機場搭機,飛往南卡傑克遜堡軍事基地。依據指令文件指示,我必須在五月二十日早上八點,準時到位於該基地的美國陸軍軍牧中心學校報到,開始我為期三個月九十四天的陸軍佛教宗教師教育。

南卡傑克遜堡軍事基地,由美國陸軍訓練準則司令部負責運營,為目前最大新兵訓練基地,名字來自美國第七任總統安德魯・傑克遜將軍。美國陸軍軍牧中心學校位於該軍事基地一〇一〇〇李路(Lee Road),依小山丘而建,格局如同中式四合院,四周建築圍繞,內有兩廂庭院。

前院入口處左右兩棟二層樓建築,左棟建築一樓入口以中間走廊為界,左邊為教職員工辦公行政區域,右邊有兩間可容納二十人左右教室,二樓主要為軍牧上尉進階課程教室和圖書館。右棟建築一樓為軍牧博物館和網路管理

處，二樓為來賓接待室和辦公會議室區域。由學校正門，往內走約四十公尺，與博物館相連的單層建築為陸軍軍牧主教室，該教室空間可容納一百名學生左右。

該校後院的兩棟建築，在我二〇一三年就讀期間，分別為海軍和空軍軍牧學校借用辦學。二〇二三年九月十二日，我再次回到該校就讀時，當年的海軍和空軍軍牧學校已經遷出，最後二層建築為大型視聽室及教室，左邊上下兩層建築為軍牧助理辦公、教學和行政區域。其中一樓的部分教室，也作為軍牧家庭輔導專業學生教室用途。

在歷史上，「美國陸軍軍牧中心學校」的校名，沿用了一九一八年二月九日一戰期間美國陸軍部門採納普魯登（Aldred A. Pruden）少校軍牧建議，設立培訓教會牧師為職業化軍牧的「美國陸軍軍牧學校」（The U.S. Army Chaplain School）之名而來。美國陸軍軍牧學校於一九一八年三月三日一戰後期，在維吉尼亞州門羅堡軍事基地成立，開辦了第一屆軍牧教育。

普魯登軍牧出任該校第一任校長，設計軍牧課程為期五週。內容涵括國際法、軍事法、戰時醫療急救、軍事演練、陸戰規則和戰地騎馬等。至一九一八年十一月十一日一戰結束的八個月時間內，共有一千六百九十六名教會牧師進入該校學習，一千零三十八名畢業。其中九百一十五

名學生在一戰結束前畢業,被分配至陸軍現役工作,一百二十三人在一戰結束後畢業,被分配至陸軍預備役牧侍。

　　一九二〇年至一九九六年的七十六年間,陸軍軍牧學校一共搬遷了十六次,主要搬遷地點有肯塔基州諾克斯堡軍事基地(一九二一年)、堪薩斯州萊文沃思堡軍事基地(一九二二年)、馬薩諸塞州劍橋市哈佛大學(一九四二年)、馬薩諸塞州德文斯堡軍事基地(一九四四年)、喬治亞州奧格爾索普堡軍事基地(一九四五年),以及賓夕法尼亞州卡來爾軍營(一九四六年)⋯⋯等地,最後一次──也就是第十六次──搬遷至今日南卡傑克遜堡軍事基地(一九九六年)。

　　一九九六年七月二十九日,位於南卡傑克遜堡軍事基地一〇一〇〇李路的美國陸軍軍牧中心學校校址落成,正式投入使用,隨後被陸軍指定為軍牧長期教育基地。(參見美國陸軍領袖學院,「沿革」,二〇二三年十二月十七日查閱,網址 https://usairl.tradoc.army.mil/history/)

　　二〇二二年二月二十八日,沿用自一九一八年「美國陸軍軍牧學校」的「美國陸軍軍牧中心學校」,更名為「美國陸軍宗教領袖學院」(The U.S. Army Institute for Religious Leadership)。二〇二三年三月四日,我被美國

陸軍軍牧委員會重新徵募,由第二十五任陸軍軍牧總長索爾傑姆(Thomas Lynn Solhjem)少將軍牧,選為陸軍現役佛教宗教師之後,任命文狀送交國會參議院審議。該年三月中旬,國會參議院通過任命文狀,正式授陸軍上尉軍銜。

位於南卡傑克遜堡軍事基地的美國陸軍宗教領袖學院外觀和內部。

二〇二三年九月十二日,在離開該校十年後,我再次返校接受為期三個月九十四天的陸軍宗教領袖課程教育。期間曾就為何更改校名一事,諮詢當時在該校任教的R教官。R教官解釋,學校更名的原因在於之前的「軍牧」名稱,從歷史背景和名稱起源上過於基督教化,彰顯不出二十一世紀美國社會尊重多元宗教信仰文化的特徵,因此更改校名,以回應時代變遷,對多元宗教信仰文化的尊重。

個人理解,此次校名更改主要反映了當代美國社會的宗教信仰狀況,正在發生顯著的變化。其中,「宗教領袖」(Religious Leadership)一詞的使用,具備對多元宗教信仰文化的尊重,展現了二十一世紀美國社會宗教信仰多元化的特徵。不過,這不是唯一的原因,更深層次的原因,主要還是美國過去二十年來人口結構的變化,文化多元的呈現,導致了當地宗教信仰結構的改變。

二〇二一年,美國陸軍軍牧總長辦公室曾就此「改變」,委託蘭德公司對全美十個州——德克薩斯州、加利福尼亞州、佛羅里達州、紐約州、喬治亞州、北卡羅萊納州、俄亥俄州、維吉尼亞州、伊利諾州、賓夕法尼亞州——從二〇〇一年至二〇一九年,陸軍現役官兵和軍牧總人數八十二萬一千三百七十人,與全國具有代表性的人口

綜合社會概況普查數據，進行了比較分析研究，以預測未來五年內，美國社會宗教信仰人口結構的變化，如何對陸軍官兵宗教信仰文化結構產生重要的影響。

研究結果發現，在已登記的陸軍現役人員數據中，宗教信仰比率分三大群體：新教徒（百分之五十八）、天主教徒（百分之十七）以及「無宗教信仰偏好者」（百分之二十五。此包括無神論、不可知論和個體靈修者，特別是個體靈修者，占此類群體人數的百分之五十）。

數據結果顯示，陸軍現役的新教與天主教徒人數，自二〇一五年以來出現了緩慢的下降；無宗教信仰偏好者群體人數，在二〇一五年之後有所增長。此外，在占絕對多數的新教徒人數中，自認為「無教派新教徒」的官兵比例，在大幅度增加；認同新教不同教派的官兵及其家庭成員比例，近年來在全美均有所下降。

蘭德公司的數據比較分析研究，總結陸軍現役中「無宗教信仰偏好者」官兵人數的增長，與過去二十年來美國人口中此類群體人數的迅速遞增有關。依據數據比較分析研究結果，蘭德公司預測美國陸軍現役官兵的新教徒人數，在未來五年內會減少，天主教徒人數會出現先升後降的趨勢，「無宗教信仰偏好者」類別群體，在未來五年內將會大幅度增加，占比陸軍現役官兵總人數的百分之

二十五。

就蘭德公司的數據比較分析研究結果來看，從二〇〇一年至二〇一九年間，美國陸軍現役在職的宗教師以新教軍牧為絕對多數，占比在百分之八十至九十之間。綜合為每一千名陸軍現役的新教徒官兵，有六位新教軍牧提供服務，預測此數據在未來五年內，會隨著美國社會「無宗教信仰偏好者」類別群體人數的快速遞增而改變。

同時，蘭德公司依據收集到的數據比較分析，預測美國陸軍現役官兵「無宗教信仰偏好者」群體中，占比百分之五十的個體靈修者，未來五年內可能對不同宗教信仰文化，出現大量需求的現象。（參見 Haller, Melissa. *Forecasting Religious Affiliation in the United States Army*. CA: RAND Corporation, 2021）

據此，則二〇二二年二月二十八日更改原先「美國陸軍軍牧中心學校」校名為「美國陸軍宗教領袖學院」，有紮實、可靠的數據比較分析研究結果為依據，並非 R 教官所言，簡單地出於「軍牧」名稱過於基督教化，不適合二十一世紀美國社會尊重宗教信仰多元化特徵，而做校名變更。

依據蘭德公司的數據比較研究分析，有關美國陸軍現役新教軍牧人數占絕對多數，我個人在二〇一三年五月

二十日至八月十六日的「美國陸軍軍牧中心學校」，及二〇二三年九月十二日至十二月十四日的「美國陸軍宗教領袖學院」的兩期學習期間，就兩期學生的宗教信仰分布結構比較，對蘭德公司的研究結果，深為認同。

二〇一三年五月二十日至八月十六日，我在當時美國陸軍軍牧中心學校接受教育期間，共有七十名學生。其中，有三名陸軍現役天主教神父、四名陸軍預備役佛教宗教師候選人（我及三名前泰國僧人），其餘為新教不同教派的陸軍現役、預備役、國民警衛隊軍牧及軍牧候選人，共六十三名，占比該屆學生總人數的百分之九十。這一數據在十年後的二〇二三年，發生了明顯的變化。

二〇二三年九月十二日至十二月十四日，我在該校更名為「美國陸軍宗教領袖學院」一年半之後，再次入讀該校。就讀期間，共有六十四名學生，其中兩名猶太教拉比（壹名國民警衛隊，壹名陸軍預備役）、壹名穆斯林阿訇（陸軍現役）、三名佛教宗教師（我陸軍現役，兩名前泰國僧人為陸軍預備役）、兩名摩門教徒（陸軍現役）、四名天主教神父（陸軍預備役）、壹名東正教牧師（國民警衛隊），其餘名額為來自新教不同教派、在陸軍現役、預備役和國民警衛隊服役的牧師軍牧，以及軍牧候選人，共五十一名，占比該屆學生總人數的百分之七十九點七。

就二〇二三年九月十二日至十二月十四日該屆學生的宗教信仰分布狀況而言，具體如下圖壹所示：

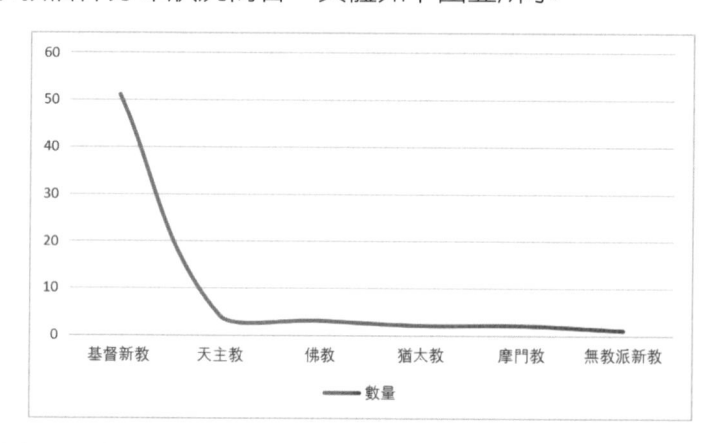

圖壹：二〇二三年九月十二日至十二月十四日，美國陸軍宗教領袖學院學生宗教信仰分布狀況（總數六十四人）。

如圖所示，二〇二三年九月十二日至十二月十四日該屆學生的構成，仍然以新教牧師為主，特別以新教福音派牧師居多，同時也兼涉其他在美當地影響範疇較小的新教教派，如路德宗和美南浸信會等。

不過顯而易見的是，該屆學生在宗教信仰和地域文化分布上，較之十年前，有了更具多元的特徵。特別是在多數學生為美國本地生長的情況下，有二十一名（百分之三十二點八）學生分別在成年後，移民自墨西哥（壹名）、印度（三名）、菲律賓（兩名）、中國大陸（三

名)、韓國(七名),泰國(兩名)、衣索比亞及剛果(三名)等不同國家。

就我個人的觀察和理解而言,蘭德公司在二〇二一年接受美國陸軍軍牧總長辦公室委託,基於全美十個州陸軍現役官兵的宗教信仰數據,與美國社會宗教信仰人口普查數據的比較分析研究結果,顯然對陸軍軍牧總長辦公室未來五年內,如何重新調整、分配陸軍宗教師人員比率決策,產生了重要的影響。

二〇二三年九月十二日至十二月十四日期間,我在美國陸軍宗教領袖學院進修的陸軍宗教師基本軍官領袖課程內容,相對於十年前我在該校進修時的課程內容,基本上沒有變化。主要分為四個階段進行,具體如下表格內容歸納所明:

第一階段	基本軍事訓練,如敬禮、踏正步、列隊形、識地形、戰地醫療急救和防護技能等。
第二階段	透過學習國際法及相關軍法軍規,改造從民間徵募來的宗教領袖(牧師、神父、法師、拉比、阿訇、上師或古魯等)為合格陸軍軍官,以符合作為營部指揮官宗教文化參謀的需求。

第三階段	培養學生作為營級宗教師所需的基本宗教諮詢與牧靈關懷職能,以為有需求的官兵提供稱職的服務。
第四階段	匯集陸軍野戰、駐軍情景和戰地宗教文化分析,展現宗教師作為陸軍軍官應具備之領袖力、職業精神和道德素養等。

就此四階段課程而言,前三階段課程主要透過軍事、軍法軍規訓練,結合戰地情境下的宗教需求與供給法則,訓練從教會徵募而來的社區教職人員為合格的軍人,以及具備在特定軍事環境下(如野外戰場),從事提供宗教服務的職能,由此打造出軍隊所需的隨軍宗教師角色。第四階段課程的重點,放在學生畢業前必須通過的一百零八個小時的野外訓練演習項目上,該項目為前三階段訓練職能的總結。

美國陸軍宗教領袖的宗旨和使命,如前面第一章所言,有三大核心內容,也即:以宗教信仰養育生者、以牧侍行動關懷傷者、以神聖儀式榮譽亡者。除此之外,陸軍宗教領袖同時承擔所在軍營指揮官參謀角色,為指揮官的軍事決策提供有意義的宗教文化和道德倫理諮詢。

就本質上而言,美國陸軍宗教領袖學院四大階段教育,和一九一八年美國陸軍部門採納普魯登少校軍牧建

議，在維吉尼亞州門羅堡軍事基地首次開辦「陸軍軍牧學校」的願景一致，目的在於將民間徵募來的宗教領袖，透過三個月九十四天的職業化軍訓，轉變為具有軍事影響力、理性批判能力和適應性強的陸軍宗教師，從而滿足陸軍官兵所需的宗教諮詢和牧靈關懷需求。

就實際應用性而言，美國陸軍宗教領袖學院的教育，著重在軍事層面上。宗教諮詢和牧靈關懷層面教育，完全交由宗教師授戒、認證的當地寺院、教會、清真寺、猶太會堂、印度教神廟或錫克教寺廟等，進行監管和跟進。同時，合格的陸軍宗教師，還需滿足大專院校七十二學分制的宗教師碩士學位要求。具體如下圖貳所示：

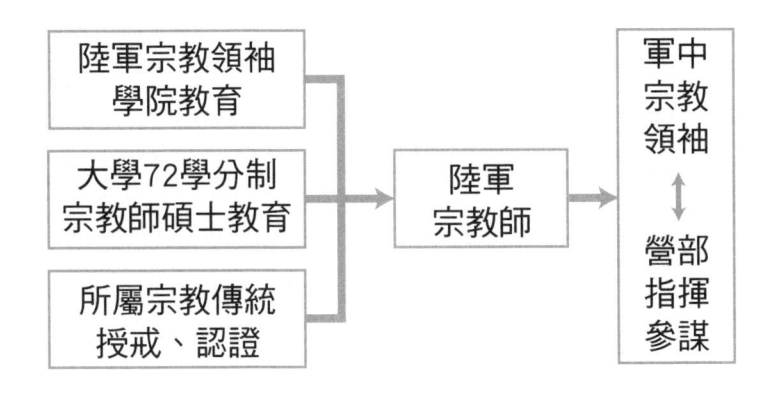

圖貳：成為美國陸軍宗教師的教育要求及其職能意義。

如圖貳所示，目前美國陸軍宗教師的三項教育，以透過美國陸軍宗教領袖學院三個月九十四天的教育，為陸軍軍牧總長辦公室認定學生是否符合成為陸軍宗教師資格的標準要求。其他的高等教育和所屬宗教傳統教育（如佛教的經典研講、禪修、唱誦和儀式儀軌等），主要構成了陸軍宗教師作為宗教諮詢和牧靈關懷供給者，所應具備的基本職能要求。

　　三者結合，構成了陸軍宗教師在軍中成為宗教領袖和指揮官參謀的條件。也只有在三者結合下，作為陸軍宗教師的個體，才可能在軍中找到自己作為教會外派教職人員的位置，以及作為指揮官宗教文化參謀的平衡點。

　　這一平衡點很重要，從本質上如前所明，陸軍宗教師是當地教會外派到軍中弘法布道的教職人員，如果不能在軍中找到屬於自己作為軍人和宗教人士的平衡點，結果將是痛苦的。

　　如前圖壹數據表明，二〇二三年九月十二日當我再次回到該校時，相較十年前的二〇一三年五月二十日，學生的宗教信仰和地域來源分布結構，有了更為多元的特徵。不過，雖然從宗教信仰和地域來源分布方面有所改變，但是就實際狀況而言，仍然以基督新教──特別是新教福音派──牧師，占據學生人數的絕對多數。

此外，對比十年前和十年後的該校教育，在每天早上課堂開始之前，教官都會引用《聖經》經文帶領學生向主禱告，作為一天之始，這部分一點也沒有變。

　　個人以為，二十一世紀的美國陸軍宗教領袖學院教育，仍然借鑑著當地基督新教的辦學模式。此外，就我個人實地參與兩期該校教育的親身經歷而言，不同於天主教或其他宗教（如猶太教和伊斯蘭教）神職人員，新教福音派牧師很有傳教熱情，時不時會以不同的方式，向我宣傳耶穌基督福音（比如贈送我印有耶穌和《聖經》經文的小卡片，有時藉故到我房間探訪，為我禱告等），要我信主耶穌。有些在友好地交往了一段時間、彼此有了信任之後，告訴我說：「振，我每天都在為你禱告，希望你能早日信主耶穌。」

　　新教牧師們語氣真誠，傳道有如老友善勸。十年前，當我聽到此類話語時，雖礙於情面口中不說，內心卻是極不舒服。十年後，當我在美國社會和不同的新教牧師打多了交道，對於他們每天為我「禱告」也就習以為常了。

　　我自心底尊重有信仰的人，然就我個人出生地的宗教文化背景認識而言，基督教的「禱告」方式，同我們閩南民間信仰，初一、十五拜天公，和「天公說話」，實在沒有什麼太大的區別。如果從宗教社會學的角度來看，這可

能也只是不同地域宗教信仰文化的另一種個體和集體行為的體現罷了。「太陽底下無新事」？誠然。

我想，新教牧師的心意畢竟是好的，即便有時個別牧師的熱情過度，讓我苦惱不已。關於新教牧師每天為我「禱告」這事，在十年後的二〇二三年，也沒有改變，反而有種變本加厲的感覺。這種感覺令人不舒服，讓人警惕，使我平時在和基督新教牧師的交往中，保持一定的禮貌和距離。

二〇二三年九月十二日，當我十年後再次回到美國陸軍宗教領袖學院進修時，歡喜地發現自己在課餘時間，可以用中文和兩位二〇一二年之後，從中國來美留學移民的學生交流。兩位學生分別是，來自上海的L牧師（國民警衛隊）和來自河南的Y牧師（陸軍現役）。十年前，這對我而言是無法想像的。從中也使我切身體會到，過去十年來，隨著亞洲移民人口的增加，美國的人口結構正在發生著緩慢又明顯的變化。

L牧師時年剛滿三十歲，篤信路德宗，為人開朗，幽默風趣，年輕有為。L牧師的英文口語，在我過去十八年遇見的旅美華人移民中，可謂百裡挑一。L牧師二〇一六年受封為路德宗牧師，之後在當地教會任職，同時於安寧療護機構從事全職牧侍工作，兼職國民警衛隊軍牧職務。

Y牧師時年三十六歲，為人性情沉穩、誠懇。Y牧師在國內隨父母受洗為基督徒，留美期間受封為美南浸信會牧師，之後和太太一同在德州自辦小型教會，聚有些許徒眾。二〇二三年選擇軍牧職業生涯後，將教會徒眾交由當地其他牧師牧養。

　　在與二人的交往中，L牧師給我的感覺胸懷大志，言行舉止與人為善而傳教熱誠。Y牧師的為人和處事風格，給我的感覺，較像佛教的「禪師」，隨緣自在，無為而治。又和我認識的幾位天主教神父有些類似，不會逮人傳教，多以心交友，平常心是道。跟Y牧師相處，讓人感覺舒服，沒有被傳教的心理壓力。

　　二〇一三年八月十六日，我在當時的美國陸軍軍牧中心學校畢業，三九三憲兵刑事偵緝營韓軍牧在營長詹姆斯中校的派遣下，於八月十五日從洛杉磯飛到南卡傑克遜堡，十六日早上十點四十五分出席了我的畢業典禮。

　　中午我們一起在外用午餐，下午韓軍牧從哥倫比亞市區機場乘機返回洛杉磯。這成了我們之間的最後一次見面。韓軍牧在該年八月底，從三九三憲兵刑事偵緝營離職，退出軍牧行列，重新申請回到陸軍預備役網路安全管理部門工作。

倫納德‧伍德堡見習

我在二〇一三年八月十七日回到洛杉磯，隔日收到華盛頓特區陸軍軍牧總部負責管理候選人項目的西弗德少校軍牧發來電子信件，通知我在八月初提交到密蘇里歐扎克郡倫納德‧伍德堡軍事基地見習一個月的申請通過，見習時間從八月二十八日早上七點五十分開始，至九月二十六日下午四點三十分結束。信件中附帶陸軍指令文件，依據文件指示，負責安排我在倫納德‧伍德堡軍事基地見習的督導，為該軍事基地第三化學旅的斯蒂爾斯少校軍牧。

我在二〇一三年八月十七日當天下午，發了一封自我介紹的電子信件給斯蒂爾斯少校軍牧，然後依據陸軍文件指示，訂了八月二十七日飛往密蘇里歐扎克郡機場的機票，在該機場附近赫茲公司租了輛車，同時在倫納德‧伍德堡軍事基地正門外，就近訂好為期一個月附帶廚房的假日旅館單人套房。

二〇一三年八月十八日上午，我收到斯蒂爾斯少校軍牧的電子信件回覆，對我到第三化學旅見習表示歡迎，並表示他當時負責督導的當地社區佛教團體——創價學會，

日蓮宗在家佛教運動的一個分支——每個週日都會到基地提供佛教服務。我到第三旅報到後，他會介紹我與當地創價學會負責人喬治亞女士認識，希望我到基地之後可以與她協調，在週日為官兵提供佛教服務。我對斯蒂爾斯少校軍牧表示了感謝，並表達了自己屆時很樂意與創價學會成員協調，一起主持週日佛教活動。

　　二〇一三年八月二十七日，我從洛杉磯飛往歐扎克郡倫納德・伍德堡軍事基地，在機場附近完成租車後，直接前往預訂的軍事基地正門外旅館入住。

　　密蘇里歐扎克郡成立於一八四一年，面積為一千九百五十六平方公里，二〇一三年八月二十八日至九月二十六日我到該郡時，全郡共有居民九千五百一十二人，實實在在的地廣人稀。歐扎克郡的地理狀況，平原及山谷溪流清幽，彎曲鄉村小道，沿山谷溪流蜿蜒，兩旁樹木青翠，零星散落幾戶人家，猶如陶淵明筆下的世外桃源。

　　倫納德・伍德堡為美國陸軍訓練基地，正門位於歐扎克郡聖羅伯特鎮南部邊界上。該軍事基地建立於一九四〇年十二月，並於一九四一年一月以紀念倫納德・伍德將軍（一九一四年出任美國陸軍參謀總長）命名。最初建立該軍事基地的目的，在於訓練步兵，後於一九四一年成立

美國陸軍步兵工程師學院，成為步兵工程師的教育基地。一九九九年，位於阿拉巴馬州的麥克萊倫堡軍事基地關閉，本來常駐於該基地的美國陸軍化學兵團和憲兵部隊學院，便先後移至倫納德‧伍德堡軍事基地。

我按照文件指示，在二〇一三年八月二十八日星期三早上七點三十五分（提前十五分鐘），到達倫納德‧伍德堡軍事基地第三化學旅軍牧辦公室報到，見到了斯蒂爾斯少校軍牧。斯蒂爾斯少校軍牧是位和藹可親的長者，根據「領英」（LinkedIn）網頁上的公開資料紀錄，一九八四年受封為費城神召會牧師，在當地教會服務的同時，也在當地的教會小學任教。一九九五年至二〇〇〇年在費城和密西西比國民警衛隊，先後任軍牧候選人及軍牧職位，二〇〇〇年進入陸軍現役軍牧行列。

斯蒂爾斯軍牧早年先後在喬治亞州斯圖爾特堡軍事基地第四十一野戰炮兵營（二〇〇〇至二〇〇三年）、堪薩斯州萊利堡陸軍醫院（二〇〇四至二〇〇七年），以及科羅拉多州卡森堡第二特種部隊營，任職軍牧及家庭輔導員（二〇〇八至二〇一一年）。斯蒂爾斯軍牧在二〇一二至二〇一四年間，任倫納德‧伍德堡軍事基地第三化學旅軍牧處督導。

當年的第三化學旅有五千名官兵，斯蒂爾斯少校軍牧

除了負責為該旅所有官兵提供宗教服務和牧靈關懷之外，同時負責監督、評定該旅下屬五個營軍牧的日常工作。此外，斯蒂爾斯少校軍牧還擔任本地擁有一千多名信眾的神召會主任牧師，督導該會四名全職牧師，每月主持信徒洗禮和聖餐禮等宗教活動。斯蒂爾斯少校軍牧同時負責該軍事基地伊斯蘭會議組織的設備調度、清潔、維修以及安全管理；每週日贊助三個不同社區宗教信仰團體領袖——創價學會、基督教會和基督復臨安息日會，進入倫納德·伍德堡軍事基地，為有需求的官兵提供相應的宗教服務。

　　二〇一三年八月二十八日星期三早上，在我到達倫納德·伍德堡軍事基地第三化學旅軍牧辦公室，向斯蒂爾斯少校軍牧報到之後，他先在旅部教堂軍牧辦公室向我介紹了接下來我在該旅一個月見習的內容及期待。主要是跟隨羅德里格斯上尉軍牧，在其負責的步兵營見習，同時也需根據斯蒂爾斯少校軍牧安排，和憲兵、工程兵和醫療旅的少校軍牧交流。

　　當天九點三十分左右，羅德里格斯上尉軍牧到達斯蒂爾斯少校軍牧辦公室，在斯蒂爾斯少校軍牧的引薦下，我們之間做了簡單的自我介紹。羅德里格斯上尉軍牧對我的到來表示了歡迎，並希望在接下來的一個月裡，我們可以在工作中進一步互相了解。

羅德里格斯上尉軍牧離開之後，斯蒂爾斯少校軍牧帶我參觀了倫納德‧伍德堡軍事基地的博物館、醫院、事務中心，以及見軍區軍牧負責人。大概在當天下午兩點左右，我們在該軍事基地高爾夫俱樂部，與喬治亞女士見面。當年的喬治亞女士為該基地高爾夫俱樂部經理人，非裔，退役軍人，五十歲左右，為人熱情、健談，初次見面交流愉快。

　　根據喬治亞女士的自我介紹，她當時是創價學會在歐扎克郡的負責人，該會在當地有一百多名會員，其上一級負責人在密蘇里哥倫比亞市。這是我有生以來第一次與創價學會人員接觸，從交談中也大概了解到北美創價學會的組織結構，和天主教會的模式有些類似，各個堂口分工明確而詳細，從上而下分配小組任務，而內部等級森嚴。

　　我向喬治亞女士介紹了我在中國南方出家，接著到北京中國佛學院深造，二〇〇五年七月二十六日受洛杉磯延壽寺妙相和尚邀請，移民來美，一邊在寺院服務信眾，一邊在當地西來大學讀研究所，以及後來如何加入美國陸軍弘法的因緣和經過，向喬治亞女士做了概要的介紹。

　　當喬治亞女士了解到我是美國陸軍歷史上第一位在軍中弘法的漢傳佛教僧人，同時了解到中國文化對僧人的固有期許之後，對我作出陸軍弘法的決定感到了好奇，不無

驚訝地詢問道：「這一過程，是否有遇到來自漢傳佛教界的阻力？」我說：「阻力沒有，壓力倒是有的。」對於喬治亞女士的提問，我當時的答覆看似雲淡風輕，實則我的內心沉重，略帶對北美漢傳佛教不可知未來的迷茫。

當天下午與喬治亞女士的會面，令人歡喜，特別是她從美國人特有的角度，對我敢於嘗試跨出華人佛教文化舒服圈，進入陌生的美國陸軍弘法，體驗不同宗教、文化和生活習俗，表示了支持，說：「今天的美國軍隊太需要佛教了！」並對我代表漢傳佛教到美國陸軍服務，表示感謝。

喬治亞女士在接下來的日子裡，以實際行動支持了我在倫納德‧伍德堡軍事基地的弘法活動。在我們見面後的第二天（星期五），喬治亞女士在她家裡安排了集會，藉此介紹我與當地創價學會幹部會員認識，並說明我接下來會在倫納德‧伍德堡軍事基地作為佛教宗教師見習一個月，希望大家從第二週開始，協助我在基地教堂舉行佛教禪修和講經活動。

由於喬治亞女士的介紹和支持，我接下來在倫納德‧伍德堡軍事基地為官兵提供的週日佛教活動，從義工到佛具用品等，都得到了當地創價學會會員的慷慨贊助。這令我至今印象深刻，內心感恩。從中也看到了由當地白人和

非裔基督徒轉信的佛教徒,對於佛教法師到軍中弘法,文化上的認可和行動上的支持,可以與北美基督教會對外派至軍隊傳道的神職人員(如神父或牧師),從義工和經濟上的支持相媲美。

我同時感恩創價學會會員多年來在當地不懈傳播佛法的努力,為我週日在該軍事基地第三化學旅軍牧辦公室所屬教堂舉行的佛教禪修和講經活動,帶來了近兩百名官兵的參與。我還從他們的建議中了解到,西方教會在宗教活動結束後,為會眾提供諮詢的模式——活動結束後站在佛龕前,官兵自動排隊一一向前問候,諮詢佛法和人生問題等。

在我到達該軍事基地見習的第三個禮拜,二〇一三年九月九日星期一,斯蒂爾斯少校軍牧指示我與當時在該基地工程兵旅任軍牧的熊焱少校軍牧取得聯繫。熊焱軍牧根據自己的工作時間安排,約我九月十二日星期四上午十點三十分在他上班的工程兵旅軍牧辦公室見面。

熊焱軍牧的個人經歷比較傳奇,逃亡美國之前,他曾是北京大學法律系研究生,天安門事件後,作為二十一位學生領袖之一,一九八九年六月十三日被北京市公安局列為重點通緝對象。

不同於柴玲或吾爾開希,在天安門事件之後,順利逃

離中國輾轉他國至美國，熊焱在逃往內蒙古的火車上，被當地軍警逮捕，關入秦城監獄一年半，一九九一年出獄。一九九二年，熊焱在香港民運人士「黃雀行動」組織的幫助下，乘漁船從大陸逃往香港，同年六月流亡美國，加入教會，受洗成為基督徒。

依據紐約華人資深媒體人曾慧燕女士二〇二二年二月十九日在「萬維博客」撰文回憶，熊焱在一九九四年二月投筆從戎，入伍美國陸軍，成為一名現役士兵，三個月軍營訓練結束之後，被分配至華盛頓州路易斯堡第一兵團第二十二人事營服役。一九九五年八月，熊焱由陸軍現役轉至預備役，此後由大學讀起，相續在芝加哥三一神學院獲得神學碩士學位，以及在波士頓戈登‧康威爾神學院修完教牧博士學位。二〇〇二年十二月三日，熊焱在紐約受封成為一名牧師。

二〇〇三年五月二十三日，熊焱在當時的「美國陸軍軍牧中心學校」畢業，早我十年成為一名軍牧人員，以上尉軍銜受聘陸軍現役軍牧職位。二〇〇四年三月一日，熊焱軍牧隨陸軍第一騎兵師赴伊拉克前線，駐守巴格達。從一九九四年二月入伍美國陸軍，至二〇二一年九月從陸軍少校軍牧職位光榮退役，熊焱軍牧在美國陸軍服役二十七年。

我想，我與熊焱牧師雖非同齡之人，但或許有些宿世前緣，所以在此世彼時，能偶然相遇。而他早我十年在南卡陸軍軍牧中心學校畢業，隨後調至德州胡德堡（Ft. Hood，二〇二二年更名為卡瓦索斯堡（Ft. Cavazos））第一騎兵師工作。十年前，倫納德‧伍德堡軍事基地與他偶遇，十年後我重返陸軍軍牧學校，畢業後被分配至德州卡瓦索斯堡軍事基地第一騎兵師三旅二一五勤務營工作，此可謂人生因緣果報、本末究竟，實不可思議，亦多巧合！

　　二〇一三年九月十二日星期四上午十點十五分，我在離約定時間提前十五分鐘到達工程兵旅軍牧辦公室，在那裡我見到了熊焱軍牧。熊焱軍牧個子不高，一米六五左右，為人和善，臉上帶著難得一見的讀書人天真爛漫之氣。第一次見面時，他給我的印象很好，熱情、隨和、健談。

　　當天上午，熊焱軍牧帶我參觀了工程兵旅軍牧教堂，為我介紹了週日禱告集會活動時間，及平時傳道方式和內容等。當天中午，熊焱軍牧請我在基地軍人餐廳用午餐，隨後驅車帶我參觀了工程兵學院。在此期間，熊焱軍牧與我分享了他在秦城監獄坐牢期間所受到的苦難；同時也談到了他在出獄後，如何經香港逃離大陸，流浪至美國的艱辛。

根據熊焱軍牧在網上撰寫的《記我的妻子錢立筠》一文自述，他在美國定居下來之後，為了生計和英文教育而從軍，而後歷經千辛萬苦，把當時仍在國內的妻兒子女接到美國生活。

熊焱軍牧的這段人生經歷很傳奇，也很不容易。我從該文中也讀到了熊焱的真情流露，對他和家人過往人生經歷稍微有些許了解。不得不說，熊焱筆下的錢立筠是位具有中國傳統美德的人妻，而字裡行間的熊焱其人，是位有情有義的儒家門生，兩人可謂宿緣前定，夫唱婦和。

當天與熊焱軍牧相處的八個小時裡，我們交談了許多話題，多是我聽他說，內容繁蕪，已多不記得。只記得熊焱軍牧在交談中，充滿了對未來回中國大陸實現民主法治的雄心壯志。其對未來民主中國的想像有如天馬行空，東一錘西一棒，侃侃而談中，夾雜著中國自古以來讀書人的天真浪漫和不切實際。

熊焱軍牧當日表示，希望日後能夠把自己在美國的畢生所學，以及在美國陸軍的工作經驗帶回中國，重建中國的政治和宗教體制，協助中國人民實現民主法治。同時，他邀請我以美國陸軍佛教宗教師的身分，加入他和其他人在海外創辦的「中國民主正義黨」，一起努力，並希望我未來負責民主中國的全國佛教事務。

當時聽他此言，我一時間感覺腦袋一片空白，額葉嗡嗡作響。感到「幸福」和「權力」來得太突然，在我毫無準備的情況下，忽然從天而降，砸到我頭上，一時半會兒回不過神來。我表示自己是位出家人，對民主、法治和政治一竅不通，熊焱軍牧初次見面，這般「器重」於我，授我「大權」，讓我感到有點招架不住的同時，也讓我覺得民運人士的做事風格有欠妥當，缺乏一般政治人物的基本常識，顯然不太可靠。

　　此外，對於自己不了解的事情，我自然不能胡亂點頭、隨意稱諾。我坦言自己能力不足，見識缺斤短兩，只適合做個老實本分的出家人，除此之外實在一無是處。言已至此，他只好作罷，之後的接觸中，不再和我談及民主法治的中國理想。

　　總的來說，當天與熊焱軍牧相處愉快，令人難忘。後來他還在我見習結束、離開倫納德‧伍德堡軍事基地前一個禮拜，邀我參加工程兵旅官兵的早餐禱告活動。活動結束後，還特意抽空向當日參加活動的上校旅長、軍事參謀長以及其他出席人員，與我做面對面的一對一介紹。

　　這給我的印象深刻，並使我對他的為人有了進一步的了解。時隔十年後回想起來，熊焱軍牧與我談論的民主、法治、政治理念，和現實是脫節的。他的未來民主法治中

國理想，既帶著書生的天真浪漫，也混合著不切實際的時代人事幻想。

政治不是請客吃飯，處處埋雷，顯然不是天真浪漫讀書人如熊焱軍牧可以涉足的。我想，這也可能直接導致了二〇二二年他在紐約第十區登記參選國會議員期間，政治上陷入不切實際的想像，天真浪漫地以為紐約福建商會那幫久經人事江湖，常年在中國駐紐約領事館走動的人會幫他。特別是當我在網路新聞上，見到熊焱軍牧在紐約參選國會議員的募款照片中，和他同席而坐的人員中有一位姓朱的，我意識到他本人的政治生涯也就此結束了。

我想，這位姓朱的身分可能有些不簡單。二〇一八年底，我到北京人民大學做「北美臨床佛教宗教師體系」博士論文研究期間，曾在微信朋友圈見此人回中國大陸，以美國華僑的身分進入中央黨校學習。

中央黨校為中共中央直屬正部級單位，據網路資料介紹，該校是「培訓黨的高中級領導幹部和馬克思主義理論幹部的最高學府」。這也可能直接導致了熊焱軍牧被人利用，在媒體上糊裡糊塗地講了不該講的話、做了不該做的聲明，最後畢生好友曾慧燕等人，在網路上公開聲明與他割席斷義，實在令人扼腕嘆息！

不過我不得不說，熊焱軍牧雖然在中國民主法治政

治上天真浪漫、不切實際,最後被人利用,牽了鼻子走,但是就我理解的熊焱其人,有著中國傳統儒生的善良、真誠,不太像後來旅美作家余杰先生和紐約華人資深媒體人曾慧燕女士在「悲其不爭、怒其不義」的情況下,在網路上撰文說他是個見利忘義、機會主義、騎牆之徒。當然,作為出家人,我必須在此聲明,個人對政治這門人類古老的權鬥之術未有研究,缺乏理解,只是從人的角度來談談我所認識的熊焱其人。

二〇一三年八月二十八日至九月二十六日,我在倫納德‧伍德堡軍事基地的一個月見習,觀察到官兵對參與週日佛教禪修的興趣甚高,交談下也發現,有些官兵正式受過佛教三皈依(亞洲移民官兵居多,也有白人和非裔官兵)。透過週日的禪修活動,平時隨同羅德里格斯上尉軍牧在步兵營出勤,以及隨憲兵旅至野外訓練,在逐漸與各級官兵建立起良好的戰友信任關係之後,陸續有官兵來找我做宗教信仰文化、家庭人生問題等諮詢。

我在倫納德‧伍德堡軍事基地見習期間,在第三化學旅斯蒂爾斯少校軍牧的安排和督導下,一共做了三十多人次的官兵諮詢;平時隨羅德里格斯上尉軍牧在步兵營出勤,以及參與憲兵旅野外訓練,在與官兵的非正式交流中,我對陸軍現役的宗教師工作有了進一步的深入認識。

不同於預備役官兵，每月月底週末集合兩天十六小時，其餘時間各奔前程，不容易建立起良好的戰友互信關係。陸軍現役宗教師的工作完全不同，每次調動新營地，駐守三年，每週工作四十小時，與官兵的長時間相處，允許宗教師和軍營官兵建立起長期的良好互信關係，由此得以更順利地在軍中展開宗教服務工作。

此外，現役官兵面臨的問題及平時尋求宗教師諮詢的內容，與預備役官兵的需求也多有不同。預備役官兵尋求宗教師的諮詢內容，大多涉及家庭關係和經濟問題，現役官兵諮詢的問題，除此之外，也涵括了軍中夫妻外派，長期異地分居造成的婚姻問題——如出軌和疏遠感等。其次，是日常工作中處理不好上下級關係，所引發內心焦慮問題。

現役官兵由於婚姻、經濟和上下級關係，出現自殺念頭及精神狀況不穩定等問題，亦時有發生，這也是宗教師在平日工作中需要面對的問題。美國陸軍也因此推出了許多有關官兵關懷的教育項目——例如提升官兵家庭關係、防範自殺和財務管理等教育課程。雖然這些課程屬於指揮官項目，但其中家庭關係和防範自殺教育課程，在十年前多半由營部宗教師負責執教。

在我一個月見習時間結束，離開倫納德·伍德堡軍事

基地之前,我對美國陸軍現役官兵面臨的各類問題,有了更為直觀的理解和多方面的認識。歸納而言,中國民間謠言:「好男不當兵,好鐵不打釘。」說得很好,內含豐富人生哲理,聚集了過來人的經驗之談和智慧結晶。

就美國陸軍的士兵來源而言,多半從社會貧苦子弟徵募而來,入伍新兵年齡介於十七歲上下,教育程度為高中畢業或未畢業,參軍目的主要有三:(1)透過參軍,脫離貧困家庭處境,擁有相對穩定的個人收入,以實現經濟獨立自主——顯然,貧困對於世界上的任何人而言,都是需要及時擺脫的「原罪」;(2)透過參軍,脫離有吸毒、酗酒或虐待背景的原生家庭,從新開始安排自己的人生軌跡;(3)透過參軍,獲得社會福利,協助實現人生目標、階層跨越等夢想。

雖然美國社會的貧苦子弟選擇參軍的理由千萬種,但仔細觀察,皆符合元代清珙禪師所言人「才受形骸報,便懷衣食憂」的事實。不同於普通士兵多半來自社會貧苦子弟,申請通過直接任命的軍官,則多半出自中產家庭,受過大學或以上教育,有的是為了繼承家族軍政傳統,在父母的鼓勵、安排下從軍。因此,不同於普通士兵階層,軍官階層的家庭背景較好,起點較高,要想實現階層跨越的願望,也相對比較容易實現。

而由社會底層從軍的士兵,若是想要跨越階層,不僅需要自身付出超於常人的加倍努力,同時也需要有好的人緣關係,在從軍的路上把握時機和社會資源,獲得貴人提攜,才可能實現。

此次倫納德・伍德堡陸軍現役見習,不僅使我認識到佛教四弘誓願,在實地工作中對於緩解士兵人生苦難,提供內心安樂的價值。同時,也使我深入理解太虛大師在民國初年間提出僧人應以「布施世間、膏沐群生」的菩薩入世精神,及其中所蘊含的「新佛學」理念,對於造福社會人心的意義。一九三七年八月,太虛大師在世界佛學苑講演《新與融貫》,提出「新佛學」的理念,該新佛學理念以佛法為本位,契合時代為根機,實現佛教現代化宗教社服品質為目的。大師說──

> 新,需要佛教中心的新,即是以佛教為中心。而適應現代思想文化所成的新的佛教。這佛教的中心的新,是建立在依佛法真理而契適時代機宜的原則上⋯⋯旁及東西古今文化思想,抱定以佛教為中心的觀念,去觀察現代的一切新的經濟、政治、教育、文藝及科學、哲學諸文化,無一不可為佛法所批評的對象或發揚的工具,這就

> 是應用佛法的新。然而,若不能以佛法適應時代、契眾生機,則失掉這裡所謂的新。(太虛:《新與融貫》,《太虛大師全集》第一編《佛法總學》,一九八〇年善導寺版,第四百五十頁)

大師提出的「新佛學」體現了務實的應用佛學理念。該應用佛學理念,以適合時代根機、歷史變遷為原則,以佛法結合現代社會科學、藝術、文化與哲學等知識,理性詮釋日常工作中遇到的各類問題,提供科學客觀、符合「佛法真理」的解決方法。就此而言,大師一九三七年八月提出的應用佛學理念,目的在於使佛法的社會應用具備現代性、社會性與普世性的價值和意義。

歷史上,太虛大師提出的這一應用佛學理念,為民國時代岌岌可危的佛教提供了重建的機會,促使彼時佛教得以在危難中煥發出新的生機。該應用佛學理念也展現了大師對現代社會進程中,有關佛教的社會使命為何?佛教能為現代人類社會出現的各種衝突現象與個體面臨的問題,提供何種適當回應?做出何種具體、規範、有效的解決方案等問題,給予了實際性敘述與應用性詮釋。

其宗旨與目的,除了規範改良當時岌岌可危的佛教之外,也意在令歷久彌新的佛教傳統,具備出世與入世價值

的統一，使佛教的公共社服空間領域，變得更為廣泛、多元及具建構性，為世人所需。也就是說，大師希望藉助新的應用佛學理念，從實踐中改良佛法，開展以佛法造福社會人心的新典範。

十年前，我從陸軍預備役佛教宗教師候選人的角度，對太虛大師的應用佛學理念從實地參與者的角度，進行了理解，同時透過我在美國陸軍弘法的經驗，賦予具體的實踐意義。這即便在十年後的今天，我重新進入美國陸軍現役第一騎兵師第三旅二一五勤務營任職佛教宗教師，依然相信太虛大師的應用佛學理念，在以新教資本主義倫理為本的美國，更具現實的價值和意義。

可以這麼說，二〇一三年八月二十八日至九月二十六日，我在倫納德‧伍德堡軍事基地的見習，透過具體的工作經歷和案例諮詢，使我對漢傳佛教如何以現代的方式在美國陸軍弘揚，利益有需求的官兵，有了更為具體而切實際的理解。同時也形成了我對日後漢傳佛教宗教師如何進入美國社會提供適當的佛教信仰文化服務，有了更進一步的認識。

二〇一三年九月二十六日星期四，在我見習結束回洛杉磯之前的當天上午九點，斯蒂爾斯少校軍牧約我在他的辦公室，進行了一個半小時的面談，具體分析他對我在第

三化學旅，隨羅德里格斯上尉軍牧在步兵營、憲兵旅和工程兵旅見習的觀察。同時也交流了該基地其他軍牧對我工作的反饋，談了他對我的認識及我個人對待這份工作的態度，詢問我近期是否有申請成為陸軍現役佛教宗教師的打算？斯蒂爾斯少校軍牧認為我具備了成為陸軍現役佛教宗教師的條件，如果有意申請，他很樂意作為我的推薦人之一，同時他在我的見習結束評審意見中，除了列出我在倫納德‧伍德堡軍事基地見習期間的貢獻和工作成就之外，還在最後建議陸軍軍牧總長辦公室盡快徵募我進入現役服務。

　　如今提筆追憶我在倫納德‧伍德堡軍事基地見習的一個月，不僅收穫了友誼，而且在與斯蒂爾斯少校軍牧的一個月相處中，理解了什麼是領導者的「公僕」精神。在軍中要想做好「公僕」角色，不僅需要年限閱歷，而且還需要有持之以恆的耐心、慈悲心和無畏智慧。軍隊講究服從指揮與平衡需求原則，這對我日後在工作中正確回應士兵需求，有了更為具體、切合實際的認知和體驗。

回三九三憲兵刑事偵緝營工作

　　二〇一三年十月二十七日至二十八日週末，在我離開三九三憲兵刑事偵緝營總部五個月，至南卡傑克遜堡完成美國陸軍軍牧中心學校教育，以及至倫納德・伍德堡軍事基地見習之後，回到了三九三憲兵刑事偵緝營總部執勤。

　　彼時，三九三憲兵刑事偵緝營總部的人事，在我離開的五個月裡，發生了重大的變化，各部門負責人煥然一新。之前負責人事工作的藹茉莉三等士官長、提供營部供應鏈的迪瓦斯上尉，以及指導官兵訓練和作戰計畫部署的布朗少校，已離開三九三憲兵刑事偵緝營總部，轉至其他營部工作。

　　這也是我第一次意識到軍隊官僚體制的運作邏輯，建立在派系關係與指揮權的集中使用上。在權力絕對集中的軍隊機制裡，派系關係與指揮權的集中使用就像黏合劑一樣，不即不離，相得益彰。二者運作的有效性，與系統中人事的特定安排，有著緊密的關聯。

　　除了總部其他相關部門發生的人事變動之外，軍牧辦公室也出現了較大的人事變動。韓軍牧在該年十月底我回

到三九三憲兵刑事偵緝營總部之前，申請通過從陸軍軍牧系統退出，轉回原先的網路安全管理部門工作。

十月二十七日星期六，我至總部執勤，在軍牧部門見到了九月份新到任的麥基納利上尉軍牧。麥基納利上尉軍牧，當年五十歲上下，為洛杉磯天主教區下屬教會神父，兼職陸軍預備役軍牧。據麥基納利神父的自我介紹，他在近四十歲時才從南非透過天主教會移民到美國。麥基納利軍牧的英文口音雖然較重，但他作為神職人員的特徵突出，為人和藹而有耐心，深得營部官兵敬重。指揮官詹姆斯中校，作為虔誠的天主教徒，對麥基納利神父禮遇有加，週日必出席由麥基納利神父在營部主持的彌撒禮，同時也會抽空參加我的禪修班。

由於當時的三九三憲兵刑事偵緝營總部沒有軍牧助理，作為我的直接督導人，麥基納利神父在督導我指導官兵禪修時，也協助我分發禪修指導的經文內容；我也在麥基納利神父舉行彌撒時，協助他布置場地。

營部宗教人員的彼此互助結果，為該營帶來了和諧，指揮官也因此開始重視對不同宗教文化的理解，要求我為總部的官兵提供三十五分鐘有關佛教系統概要介紹的課程，地點在指揮官會議室，同時指揮官透過營部負責日程事務安排人員，將此資料發給全營。

講課當天,指揮官與總部各部門主要負責人都到了場,麥基納利神父先是幫我分發印好的文件,然後協助我操作電腦,切換展示簡報,當日課程收到良好的效果和回應。對三九三憲兵刑事偵緝營總部指揮官及其他部門負責人而言,許多人是第一次接觸佛教,不清楚佛教為何。此次課程使他們得以概要地了解佛教基本教義——四諦八正道,以及不同地域的佛教之間,衣著與飲食文化的差異。

課程結束之後,指揮官要求我接下來提供一次漢傳佛教寺院的實地體驗之旅,並要我盡快安排時間和地點,然後上報給他預覽及確定。

這也就促成了二〇一三年十一月底,三九三憲兵刑事偵緝營總部官兵的「西來寺佛教文化」之旅。由於這是美國陸軍官兵初次到西來寺作宗教文化參訪,我希望他們能不虛此行,同時進一步增進參訪者對漢傳佛教文化的理解,我在十一月初和西來寺慧東法師(當時尚未接任主持一職)取得聯繫,告知具體的參訪時間,希望西來寺方面可以提供接待。慧東法師欣然答應,並將此事告知執事人,不久後回覆我,一切已安排就緒,歡迎我們屆時參訪。

二〇一三年十一月二十五日星期天,下午兩點左右,三九三憲兵刑事偵緝營總部軍牧麥基納利神父、指揮官詹

姆斯中校,以及負責總部具體工作事務的三位軍官,參訪了佛光山西來寺,由當時剛好在西來寺執事的依空法師做了熱情、周到的接待,慧東法師隨行攝影。

帶隊參觀洛杉磯佛光山西來寺,依空法師接待。(慧東法師攝影)

當日的西來寺參訪人員中,除了我是佛教徒之外,其餘人員為基督教徒(新教和天主教)。在西來寺會客室裡,當訪客看到牆上掛著佛光山星雲大師一九九七年二月二十八日在義大利梵蒂岡與天主教教宗若望保祿二世的合影時,一下子拉近了不同宗教信仰之間的距離。

本來不知如何相處、溝通,瞬間變成積極、熱情的互動。會客室裡,詹姆斯中校認真聆聽依空法師介紹佛光山人間佛教思想,同時對星雲大師與教宗若望保祿二世的會面,促成當代宗教史上佛教與天主教的第一次正式接觸,

產生了極大的興趣,對大師的弘教精神和海納百川之心,表示了敬意,並對洛杉磯西來寺道場的宏偉壯觀,表示由衷的讚歎。

參訪結束回軍營的車上,詹姆斯中校向我提起,他曾經路過西來寺多次,不過因為宗教信仰不同的緣故,未曾進去參觀,此次參訪讓他對漢傳佛教和佛光山星雲大師有了認識,表示下次將帶妻女一同到西來寺觀光。

當日參訪雖不到三個小時,但令三九三憲兵刑事偵緝營營長及其他主要部門負責人,在與佛光山依空法師的接觸中,了解了漢傳佛教的人間性格,從而對佛教多了一份認識和尊重。從陸軍軍牧的職能而言,作為教會外派至軍中牧侍官兵的神職人員,軍牧的身分展現了入世而超世的神聖特性。其現前牧侍的職能特徵,主要展現在連結官兵與上帝聖靈的關係之上,據此引導官兵於困境中看見平安和希望。

同樣地,作為漢傳佛教法師在美軍中弘法,依據太虛大師的「布施世間、膏沐群生」的人生與人間佛教理念,以佛法現前方式,服務有需求的官兵。這在西方宗教文化語境中,展現出佛教法師作為寺院外派教職人員進入社會事業單位,在實地場景以入世人間性格,引導有需求的官兵發現出世的人生意義。

因此，作為軍中佛教宗教師本身需具備入世與出世的統一性格，才可能贏得官兵的信任和尊重，為有需求的官兵提供有效的宗教諮詢與心性關懷。事實也證明，帶隊參訪西來寺之後，我在三九三憲兵刑事偵緝營的工作量逐漸增加，之前對我不太理解的官兵，也在人生或家庭遇到困難時找我諮詢。

平時在寺院偶爾也會接到營部軍事參謀長打來電話，希望我可以聯繫某位士兵，提供宗教諮詢與心性關懷。如此種種，不一而足，皆在西來寺參訪之後，指揮官和營部各級負責人，認識到我作為出家法師與他們所理解的牧師或神父「現前牧侍」的神聖意義相關聯，從而建立起對我作為軍中佛教宗教師的信任與尊重。

二〇一四年一月六日，我收到陸軍人事部發來歐巴馬總統簽字的任命電子文件，當天從少尉晉升為中尉。二〇一四年二月，三九三憲兵刑事偵緝營來了一位猶太教拉比宗教師候選人，拉比傑弗瑞。他身高一米七二左右，為人和氣而有智慧，辦事周到而顧及他人感受，是位訓練有素而難得的猶太教神職人員。

傑弗瑞在成為拉比之前，曾在陸軍空降師特種部隊服役了十六年，先後兩次被派往伊拉克，一次被派往阿富汗，最後在韓國和日本駐軍，可謂身經百戰，周遊列國，

見識廣闊，深韻不同國家風土人情、宗教文化，對陸軍系統中不同部門的職能亦駕輕就熟。在與傑弗瑞宗教師候選人熟悉之後，他曾與我分享了一九九八年柯林頓總統訪問駐伊拉克美軍期間，與駐守當地美軍官兵的合影照片。照片中傑弗瑞站在柯林頓總統右邊第三位，當年的他才二十歲出頭，笑容可掬愉人。

傑弗瑞作為宗教師候選人，甫一到三九三憲兵刑事偵緝營見習，便很快融入該營文化，與各級官兵打成一片。而他個人過往從軍打仗和海外駐守的豐富經歷，也為他贏得營部各級官兵的敬重，捕獲不少新兵的崇拜。營部從指揮官詹姆斯中校、軍牧麥基納利神父和各級部門負責人，對傑弗瑞宗教師候選人的到來，都表示了熱切地歡迎。

特別是指揮官詹姆斯中校，對傑弗瑞之前的軍隊經歷甚為看重，同時對他作為宗教師候選人照顧營部官兵的能力，給予了肯定。至此，三九三憲兵刑事偵緝營的軍牧辦公室，對該營各級官兵的照顧更加全面、多元，受到了各連隊的肯定。指揮官詹姆斯中校亦時常逢人打趣，說在他軍隊指揮生涯中，這次是最受上帝眷顧的一次，因為在他的指揮團隊中不僅有天主教神父、猶太教拉比，還有佛教法師，可謂豐富多彩，可遇不可求。

我在二〇一四年八月十五日從陸軍預備役退役之前，

在與傑弗瑞的相處中，學到了如何把握跟士兵交流的技巧和尺度，如何為自己爭取正當權益，以及如何在適當的時候行使自身作為軍官與宗教師的影響力，協助有需求的士兵解決問題等。與此同時，我和麥基納利神父、拉比傑弗瑞、詹姆斯中校建立起了長期友誼關係，在我從陸軍預備役退役後，透過臉書社交網路，與他們一直保持著聯繫。

記得有一次，我在與拉比傑弗瑞的交談中，他向我提及希望可以在接下來兩年內，修完猶太教神學研究所學業和陸軍軍牧中心學校教育，然後申請進入陸軍現役工作四年。加上預備役的時間和他先前的十六年現役軍齡，即可達到陸軍二十年退休年限，以獲得相對豐厚的每月退休金和醫療福利等，然後重新規畫自己的人生，做自己想做的事，而不需要為了生活而工作。

當年的拉比傑弗瑞比我年長兩、三歲，按照他的計畫，大概在三十九歲左右即可從陸軍退休，獲得豐厚的軍隊退休金和較好的醫療福利，做自己想做的事，而無後顧之憂。事實上，拉比傑弗瑞也的確按原定計畫規畫人生，二〇二一年在喬治亞州史都華堡陸軍第三步兵師，以營級宗教師上尉軍銜退役後，在享受軍官退休生活的同時，與太太移居紐約，做了他從軍隊退休後想做的事，受聘為紐約猶太教中央會堂的駐會拉比。

西點軍校見習

　　二〇一四年四月初，我隨洛杉磯蒙特利市雪峰精舍淨華長老尼到菲律賓馬尼拉和納卯市一遊，結識了菲律賓馬尼拉信願寺主持傳印長老，以及納卯市Ｈ寺主持Ｎ法師，從而埋下了我日後從美國陸軍預備役退役，受邀至菲律賓的弘法因緣。

　　二〇一四年四月下旬，在我該年一月六日收到陸軍人事部門發來總統任命少尉升中尉軍銜文件的三個月後，收到了華盛頓軍牧總長辦公室負責管理宗教師候選人項目的西弗德少校軍牧發來的電子信件，通知軍牧總長辦公室為候選人設置了夏天至全美各地不同軍事機構見習的機會，我見可選擇的軍事機構名單上，有紐約上州西點軍校，於是便按要求在規定時間內遞交了申請到西點軍校見習的文件。

　　二〇一四年五月二日，我收到西弗德少校軍牧的回覆，通知我的申請通過，已由軍牧總長辦公室提交至陸軍部門，大概一個月左右，陸軍部門會透過電子信件的方式，發送指令文件給我，要我注意查收。二〇一四年五月

六日洛杉磯時間上午九點四十一分，我收到西點軍校第壹軍團班傑明少校軍牧發來的電子信件，具體有以下五個方面的內容：

1. 祝賀所有被軍牧總長辦公室選至西點軍校見習，感激所有被選中的候選人今年夏天將加入西點牧侍團隊，作為宗教領袖為一千多名西點軍校新生提供牧侍關懷；
2. 列出一份需從所屬軍營帶往西點軍校的軍用品清單，以及一份西點軍校新生夏天訓練項目縮寫詞表；
3. 在五月十五日之前，電子信件寄回一份個人宗教背景、從軍經歷、個人天賦和作為教職人員服務教會年限問卷調查，以方便西點軍牧辦公室夏季見習工作安排；
4. 指出新生夏季軍事訓練是西點軍校一年中最繁忙的時段，而新生基礎軍事訓練，從體能與精神上皆極具挑戰──特別是七英哩跑、十二英哩越野行軍以及三天兩夜野外射擊訓練，期待我們每天能為新生提供適當的「現前牧侍」關懷，協助新生在高壓環境下保持身心靈健康；

5. 每週定期接受軍牧辦公室的牧侍培訓，以調整牧侍技能在軍事環境中的運用。

　　我在當天下午回了電子信件給班傑明少校軍牧，感謝他的指示，並附上簽名的自我介紹電子文件，同時表明我對此次西點軍校見習工作的期待。班傑明少校軍牧當天下午回覆了我的信件，表示歡迎我到西點軍校，他還特別提到，這是他從事軍牧生涯以來第一次督導佛教法師，甚是期待我的到來，並指出此次的見習目的是協助西點軍校新生，從社會學校生活過渡到軍事學院生活，可能遇到的各類身心靈問題，提供適當、及時、有效的諮詢、關懷和協助。班傑明少校軍牧表示，這是「暴風雨來臨前的寧靜」，希望我心理上做好迎接「暴風雨」來臨的準備。

　　隔天，我將收到班傑明少校軍牧信件的資料，及時知會了三九三憲兵刑事偵緝營軍牧麥基納利神父和營部指揮官詹姆斯中校。麥基納利神父和詹姆斯中校因我將到西點軍校見習而高興，特別是營長詹姆斯中校，該年五月底執勤跟他在營部出入，他逢人便說：「你知道嗎？振夏天要到西點軍校見習！」語氣中充滿自豪和讚許，讓我真切地感受到長官對下屬的呵護、長者對晚輩的關心。詹姆斯中校還指示營部負責供應事務人員，從營部庫房裡提出我需

要帶往西點軍校的裝備。

二〇一四年六月六日，陸軍人事部門發來電子信件，內附一組文件下載密碼，要我按指示用軍官證登錄國防部網站，下載電子版指令文件。我按指示登錄國防部網站，用信件提供的密碼下載了夏天至西點軍校工作的指令文件。

依據指令文件內容描述，我在西點的見習時間為三十一天加上兩天來回旅行時間，共三十三天。報到日期為二〇一四年六月二十三日，時間介於早上七點三十分至八點正，見習督導為西點軍校第壹軍團班傑明少校軍牧（當時西點軍校分四個軍團八個營管理）。指令文件同時列出了我從洛杉磯旅行至西點軍校，以及在該校見習期間，可以用軍隊發放的花旗銀行信用卡訂機票、付餐費、租車費和旅店住宿費等，全程三十三天允許報銷的各項費用，總額不得超過六千九百二十四美元。

西點軍校全名「美國軍事學院」，在紐約上州占地一萬六千英畝。學院哥德式古堡群建築錯落有致，分布在哈德遜河西岸轉角處，五十平方公里的突出三角岩石坡上。從西點軍校流過的哈德遜河，以英國探險家哈德遜命名，為紐約州最大河流，全長三百一十五英哩，由北向南貫穿紐約州，然後從長島灣匯入大西洋。夏天從西點軍校淌過

的哈德遜河，兩岸樹木蘢蔥，景色優美愉人。

西點軍校最初在一七七八年美國獨立戰爭期間作為軍事要塞，由華盛頓將軍領導的大陸軍團在此設立堡壘，打造鐵鏈封鎖哈德遜河面，定點清除英軍艦隊，保證美國獨立戰爭勝利的過程中孵化而來。十八至十九世紀，西點作為獨立戰爭期間得天獨厚的軍事要塞，有著不可替代的地位。華盛頓將軍在贏得獨立戰爭之後，出於對國家的長期安全考慮，建議在西點創辦軍事學院，以實地作戰教學方式培養陸軍指揮人才。一八〇二年三月十六日，傑弗遜總統簽署法令，在西點成立了美國歷史上第一所陸軍軍官學院，也即「美國軍事學院」，簡稱「西點軍校」。

西點軍校設立學子的榮譽準則為：「不撒謊，不欺騙，不盜竊，自他零容忍」。此榮譽準則為學生處世為人，建立基礎。西點軍校的校訓是：「責任，榮譽，國家」，以「為國盡責」為光榮，該校訓總結了軍人的天職與品德。西點軍校依據地形設有南、北、西三門，南為塞耶門，北為華盛頓門，西為孤石門。平時開放給民眾校園遊的入口為南門，西門和北門不開放給遊客出入，特別是北門，只作為學生野外訓練結束回校入口，此外，軍校工作人員可憑有效證件出入此門。西門在特定的時間內，也為在校學生家屬開放出入，但需出示有效證件，並配合校

方門衛安檢。

　　二〇一四年六月二十一日夜間，我乘坐捷藍航空公司飛機飛紐約甘迺迪機場，隔天二十二日星期天上午十一點左右抵達，在甘迺迪機場附近的租車公司租好車後，設定導航驅車前往位於紐約上州橙縣哈德遜河西岸的西點軍校。

　　西點軍校距離紐約市中心約五十英哩，車出了紐約市，進入紐澤西後，上九號公路，在蜿蜒蔥翠的山路間行駛，不到一小時的車程，便到了西點軍校的南門（塞耶門）入口處。向門哨衛兵出示軍證，進入軍校，便驅車前往提前預訂好的西點軍校內五星旅館登記入住。

　　用完午餐後，稍作調整休息，傍晚時分在靜謐的校園內散步。我先是沿華盛頓路和卡倫路，一路參觀了南北戰爭紀念碑及歷史攔河大鐵鏈展示點，然後再沿著塞耶路進入雙日路，透過開闊的操場，瀏覽對面灰色花岡岩主體建築──華盛頓將軍樓。接著沿雙日路向左轉入卡倫路，步下柯林頓小坡，透過蒼翠綠蔭，欣賞夕陽餘暉下，哈德遜河蕩漾的碎碎金光，平緩向西淌去。

　　而後，緩步繞行至舍伯恩堡壘平臺（Sherburne's Redoubt，此臺以亨利‧舍伯恩上校命名，建於一七七九年獨立戰爭期間，一七八三年獨立戰爭結束後被遺棄），

欣賞西點落日。彼時微風和醺，綠蔭環繞，只見西點夏日夕陽緩緩從哈德遜河面落下，金光紅暈與天際合一，甚是壯觀神奇，愜意而令人難忘。

西點軍校南北戰爭紀念碑的位置，介於華盛頓路與卡倫路交接處，該位置於一八六四年六月十五日為麥克萊倫（George McClellan）將軍選定，目的為紀念南北戰爭中犧牲的官兵，理由是獻給「勇敢、忠誠、愛國」和為「國家榮譽」而犧牲者。紀念碑本身由南北戰爭倖存官兵從薪資中捐獻而來，於一八九七年五月三十日落成。碑體為圓形花崗岩柱，原材料開採自康乃狄克州布蘭福德鎮。

紀念碑高四十六英呎（十四公尺），直徑五英呎（一點五公尺），被譽為西半球最大的拋光花崗岩柱。環繞紀念碑圓柱柱體，以三百六十度面向八方的十六門紀念性青銅炮帶上，刻有南北戰爭期間犧牲的聯邦政府二千兩百三十名陸軍官兵姓名。紀念碑頂端，聳立著一尊由當時美國著名雕塑家、肖像畫家麥克蒙尼斯（Frederick MacMonnies）設計代表「名譽」的女神雕像。該雕像左手桂冠高舉、右手提笛，展翅高奏，好似在向十方宣示勝利降臨。

南北戰爭紀念碑

西點軍校園內南北戰爭紀念碑位置，與攔河大鐵鏈展示點相近，由戰爭紀念碑位置向左穿過兩旁青翠樹林，整齊排放著十八至十九世紀不同戰役中繳獲的口徑不一、造型優美的銅炮和鐵炮，步行三至四分鐘，便到了西點攔河大鐵鏈展示點。

在歷史上，西點攔河大鐵鏈於一七七八年美國獨立戰爭期間，由當時的大陸軍團「愛國者部隊」（Patriot forces）鑄造，用以阻止英軍艦隊沿哈德遜河進入奧爾巴尼及更遠的內陸腹地。該鐵鏈重十五噸，由當時駐守西點要塞的馬欽（Thomas Machin）上尉監工鑄造，鋪設在今日西點軍校與憲法島之間的水域下，鐵鏈的攔截距離，剛好為西點岸上舍伯恩堡壘上有效炮擊範圍。

一七八三年隨著美國獨立戰爭結束，該鐵鏈也就完成了它的歷史使命。從攔河大鐵鏈展示點往前步行五十公尺左右，便到了西點地形突出的舍伯恩堡壘平臺。該堡壘平臺居高臨下，俯視前方憲法島相接處的狹窄水道。可謂一夫當關，萬夫莫敵。站此高臺試想十八世紀末英軍艦隊航行至此，被設伏水下的堅固鐵鏈攔截，前進後退不得，這時舍伯恩堡壘平臺上的士兵點燃火炮引信，定點炮擊，實無逃生之機會！

攔河大鐵鏈展示點

　　二〇一四年六月二十三日星期一早上七點十五分，我依據指令文件提前十五分鐘到西點軍校軍牧辦公室報到，班傑明少校軍牧已在辦公室，同時已有兩位來西點見習的候選人先我而至。班傑明少校軍牧為美國聖公會恩典堂年長牧師，身高一米七左右，為人誠懇，處事待人接物令人自在、放鬆。班傑明少校軍牧未成為軍牧之前，曾於一九八九年至一九九七年間在陸軍預備役服役，一九九七年退役後進入當地大學攻讀第二個研究所學位，同時在醫療保險公司行業工作。

　　二〇〇六年，班傑明少校軍牧作為現役陸軍軍牧重新入伍，他在早年的軍牧生涯中，協助了陸軍軍牧總長辦公室在當時的南卡美國陸軍軍牧中心學校，設立了陸軍軍牧職業發展研究生課程。班傑明少校軍牧既是新教牧師、陸

軍軍牧，同時也是位學者型神職人員，對不同的宗教信仰文化，具開放的心態、嚴謹和理性的洞察。

當天早上在西點軍牧辦公室報到的候選人，包括我在內共八人，班傑明少校軍牧說，此次全國軍牧候選人申請到西點軍校見習的有近兩百人，其中十六人通過了最終申請，將分兩批至西點，八人一批，當日報到的為第一批。第一批見習結束之前兩天，第二批的八位見習候選人會到西點報到，提前一天與我們聯繫交接任務。之所以一批只有八人，這是因為當年七月二日新生在西點軍校報到後，將按 A、B、C、D、E、F、G、H 分為八營，每營配一位軍牧。

這也是為什麼近兩百人申請，軍牧總長辦公室只擇取兩批共十六人的原因所在。班傑明少校軍牧指出，我們之所以能夠通過申請，必然在某些方面有較為突出的才能和天賦，所以才能在眾多的申請人中脫穎而出，希望我們好好珍惜這次難得的見習機會。他同時也指出，被調到西點軍校見習的候選人，軍牧總長辦公室希望見習結束前，符合條件的候選人能申請陸軍現役宗教師職位。

二〇一四年六月二十三日早上在軍牧辦公室的報到，大家主要是做自我介紹，互留電話聯繫方式，之後班傑明少校軍牧發給每人一份文件，文件內容具體分配了每人營

區,該營指揮官姓名和聯繫方式,以及作為該營宗教師的具體任務及應注意事項。文件中還包括了一張西點軍校地圖,上面標註各個不同行政區域和校外山林軍訓地點,以方便宗教師工作和出入方便。

　　我被分配到E營任宗教師,E營為陸軍八十二空降師,學生畢業後將分配至該師部隊工作。E營指揮官二〇〇四年畢業於西點軍校,後隨八十二空降師出征伊拉克和阿富汗,卓有戰功,今年夏季調回西點軍校,帶新生開學前為期三個月的基礎軍事訓練。當日午餐後,所有見習候選人至校區南門口內左側的財務室,遞交工資報稅表格、醫療保險及出入補貼文件等,一天很快就過去了。

　　二〇一四年六月二十四日至二十七日,西點軍校委派專人帶我們參觀校園各個行政部門,了解西點的辦事規則,以及遊覽西點歷史性地標,了解西點歷史人物。人物方面,西點自一八〇二年三月十六日建校兩百多年以來,畢業生中出了格蘭特、艾森豪兩位美國總統,艾森豪、麥克阿瑟、布萊德和阿諾德四位五星上將,以及三千七百位將軍,和幾千名的企業家。

　　為了讓每位見習候選人更了解西點軍校的歷史文化,當時的有關部門發了本《二〇一二至二〇一六西點軍號記》(*Bugle Notes*)小冊子給每位見習候選人。該小冊子

尺寸如巴掌大小，方便攜帶；內容豐富，圖文並茂，語言淺顯易懂。該小冊子對於西點的軍事歷史文化、各級領導職責、學生活動、所處年級標識、軍事訓練項目等，都給予了概要而全面的介紹及敘述。

西點與軍牧的關係，最早可追溯到一百二十四年前泰特斯（CPL Calvin P. Titus）下士軍牧助理。一八九九年，泰特斯下士作為紐約長老會牧師格羅夫斯（Leslie R. Groves Sr.）軍牧助理，在北京「義和團」襲擊駐京外國公使館期間，隨美國陸軍第十四步兵團前往北京救援。

一九〇〇年八月十四日，泰特斯軍牧助理和美國陸軍第十四步兵團官兵沿著北京東直門城外進京，遭到來自城上和鄰近炮火的零星攻擊。第十四步兵團指揮官達吉特（Aaron S. Daggett）上校召集自願者，徒手爬上三十英呎高城牆探明情形，以制定有效火力壓制，達到從東直門進入北京城的軍事目的。泰特斯軍牧助理上前領命，帶著一根繩子爬上城牆，為美軍探明軍情，順利從東直門攻入京城，做出了卓越的貢獻。泰特斯軍牧助理在隨部隊撤回美國後不久，便申請進入西點軍校就讀。

一九〇二年六月十一日，泰特斯軍牧助理因在北京「義和團」之亂救援中的英勇表現，被授予美國國家最高榮譽勳章，時任總統羅斯福在西點軍校頒發了勳章給他。

一九〇五年，泰特斯軍牧助理在西點軍校畢業，希望透過陸軍軍牧程序，申請成為一名陸軍軍牧。不過由於當時他所信仰的循天路教會（Pilgrim Holiness Church）尚未獲得陸軍宗教事務部門認可。最後，泰特斯成為軍牧的夢想未能實現，被授予少尉軍銜，調回原第十四步兵團工作。

一戰期間，泰特斯少尉服役於墨西哥遠征軍及歐洲戰場。一九三〇年十月，泰特斯以中校軍銜從美國陸軍退役，後在洛杉磯郡西爾瑪地區退伍軍人醫院去世，遺體埋葬於格倫代爾市林茵紀念公園。

美國國會圖書館存泰特斯軍牧助理西點軍校畢業照及陸軍歷史館存泰特斯軍牧助理攀上北京東直門城牆高舉國旗油畫。

二十世紀以來，繼泰特斯軍牧助理之後，陸續有美國西點軍校畢業生透過相關程序，申請成為軍牧。譬如，一九九七年西點軍校畢業生塔內烏斯（Roger Taneus），

完成該校畢業陸軍現役軍官五年服務合同後,從陸軍現役退役,轉入當地神學院進修神學碩士學位,完成學業後,在當地教會受封成為牧師。

二〇一六年六月十六日,塔內烏斯通過陸軍軍牧總長辦公室成為軍牧的申請,隨後到南卡美國陸軍軍牧中心學校完成軍牧教育,畢業後被調往馬里蘭州國民警衛隊第五軍槍械營任營級軍牧職務。截止二〇二四年七月,美國陸軍共有十九位從西點軍校畢業的學生,在陸軍崗位上服務五年後,轉入軍牧系統工作,成為現役軍牧。

總體而言,由於職業關注領域不同,西點軍校畢業生若想成為軍牧,必須滿足如下四個條件,才可能實現成為軍牧的夢想:(1)畢業後完成五年陸軍現役合同;(2)解除陸軍現役合同,申請進入當地神學院,進修七十二學分制或以上的神學碩士學位;(3)畢業後在當地教會受封成為牧師,並在所屬教會全職牧侍兩年或以上;(4)申請通過獲得國防部認可的宗教機構神職人員資格認證。如此,才具備向陸軍軍牧總長辦公室申請成為軍牧的資格。

整個程序走下來,在無間斷的情況下,大概需要六至八年的時間,如果由於各種原因,中間有間斷,則十年甚至更長時間也是常見的事。這也解釋了為什麼一般人見到

的軍牧,在軍隊系統中基本上年紀偏大,許多甚至比營長指揮官還年長許多的原因所在了。

當年,西點軍校軍牧辦公室設在華盛頓大樓正門入口右手處一樓顯著位置,這個位置是該校教官與學生每日必經之路。平時在早上四點三十分集合出操鍛鍊結束之後,時任校長卡斯倫(Robert Caslen)中將,有時會到軍牧辦公室稍作停留,向辦公室的軍牧們打招呼。

卡斯倫中將生於一九五三年十一月三十日,一九七五年畢業於西點軍校,記憶中他個子不高,一米六七左右。依據《維基百科》英文網站介紹,海灣戰爭期間,卡斯倫擔任第一〇一空降師第一八七步兵突擊營執行長,後擔任該師第三旅指揮官。一九九四至一九九五年間,擔任海地民主維護行動副指揮官,及第二十五步兵師(輕裝)第十四步兵營壹營營長。一九九八年在洪都拉斯參加布拉沃聯合特遣部隊,一九九九年任一〇一空降師參謀長及該師第二旅旅長。

二〇〇二年五月至九月期間,擔任駐阿富汗聯合特遣部隊一八〇師參謀長。二〇〇八年五月至二〇〇九年十二月,任第二十五步兵師師長。二〇〇九年十二月,卡斯倫被提名為中將,二〇一〇年三月任萊文沃思堡美國陸軍指揮官和參謀學院院長。二〇一一年七月,卡斯倫被提名為

陸軍參謀長，參與伊拉克安全合作辦公室事務。二〇一三年七月十三日卡斯倫中將任西點軍校第五十九任校長，二〇一八年四月離職，不久從陸軍退役。

卡斯倫中將一生，獲得過無數民事獎章和軍事勳章，其中重要的有國防傑出服務勳章、陸軍傑出服務勳章、國防高級服務勳章、銅星勳章、德國武裝部隊軍事能力勳章、國防功績勳章、全球反恐戰爭服務勳章、人道主義服務獎章、美國紅十字會終身服務獎和西奧多‧羅斯福獎章等。二〇一九年七月十九日，卡斯倫中將從陸軍退役後，出任南卡羅萊納大學校長。二〇二一年五月十二日，因被人指控先前在西點軍校任職校長期間，存在酗酒及對女性下屬和學生性騷擾等問題而辭職。

綜觀卡斯倫中將個人經歷，早年從軍，一生戎馬，身經百戰，戰功卓越，指揮經驗豐富，歷任軍界要職。我個人在偶然間與他的三次正面接觸中，感覺他為人低調，平易近人，在不著軍裝的情況下與他相遇交流，很難想像他是西點軍校校長。

記得我剛到西點軍校第一個禮拜出操鍛鍊，有兩天清晨從華盛頓大樓前面廣場對角線步行道至卡倫路，然後向南門外方向晨跑兩英哩。晨跑由校長、軍牧、各營指揮官及高年級學生在前領跑。我兩次與校長並肩領跑，晨跑結

束，見陸續有高年級學生經過向他敬禮，當時我並不知道他是校長，加上大家都身著陸軍夏季灰色常規運動服，沒有軍銜標誌，也就沒有太在意，意識裡認為學生之所以向他敬禮，應該是因為他是西點軍校的教官。

有一天早上晨跑結束，卡斯倫中將到軍牧辦公室和軍牧們打招呼，見我是新來的，便和我閒談起來，他問我從哪裡來，以及我的宗教背景，我如實答覆，並問他是不是西點軍校的教官？他笑笑說：「我是管理教官的。」這才知道眼前這位個子不高、笑容可掬的長者是校長。我開玩笑地說，沒想到校長這麼低調。他笑笑，沒有表示什麼。

交談中，卡斯倫中將了解到我二〇〇九年至二〇一一年，曾作為洛杉磯社區佛教領袖，受當地西達賽奈醫療中心靈性關懷部門邀請，為該院有需求的佛教徒病人提供關懷時，向我分享了他的丈人在馬薩諸塞州當地西達賽奈醫療中心去世的往事，並表示西達賽奈醫療中心的醫療水準很高，服務人性化。

卡斯倫中將的言談舉止，給我的印象是謙虛有禮，不像是個酗酒、有性騷擾傾向的人。當然，「人不可貌相，海水不可斗量」，其中曲直，非我三次短暫照面所能了解。又權力是人類最好的「春藥」，特別是在軍隊極權的體制下，權力「春藥」的藥效更容易被放大，很多常人認

為不可能發生的事,也是有可能發生的。

二〇一四年七月一日星期二,一早所有候選人收到班傑明少校軍牧的簡訊,要求早上八點三十分在軍牧辦公室集合,九點開始介紹如何準備應對隔天七月二日星期三新生報到可能遇到的突發狀況,並交代了具體的應對方案和操作程序。

西點軍校每年的新生報到日也稱為「接待日」,英文為「Reception Day」,或簡稱為 R-Day。當然這個「接待日」不同於一般意義上的接待,有飲料和點心。這個「接待日」從早到晚十個小時,只有棒喝和驚嚇!依據要求,我們七月一日當天,需要先聯繫各營指揮官和負責具體事務的高年級學生,確定宗教師在隔日接收新生的具體工作和應注意事項,以便協助心理上沒有準備好、可能受到驚嚇的學生,提供恰當、及時、有效的心性關懷。

我負責宗教事務的 E 營八十二空降師新生的接待位置,在校內右側最後出入口處,當天該出入口地面上,已用白膠帶標出新生列隊方線和立正報到止步線。該入口處的左側樓梯旁的第一個小隔間(大約八至十平方公尺左右),設為臨時緊急醫務室,放了張專用病床,為軍隊醫務人員和我的辦公地點。從該室門口往裡走,沿樓梯向右而上,即是學生寢室。

七月一日在 E 營樓下　二日與同事在華盛頓大樓前合影
確認「接待日」地點

　　作為該營的佛教宗教師，我的具體任務是與醫務人員一同為在接待日當天可能受到驚嚇的學生，提供諮詢和關懷。當天下午，在同 E 營指揮官和高年級學生開完會後，進一步與醫務人員確定了隔日工作時間表及具體事項，至此一切準備就緒，只待明天新生的到來。

　　二〇一四年七月二日星期三早上七點三十分左右，E 營指揮官、我、醫務人員和高年級學生，一早便到了指定接待新生地點。負責在接待日接待新生的「接待人」——高年級學生，趕在九點新生正式報到之前，做了最後的排練。

　　依據程序，當天一早，新生身著陸軍夏季灰色常規運動服，腳穿黑色襪子及皮鞋，先領取好日常生活用品裝進軍用帆布袋提左手上，身背軍用水袋包，列隊行至校內廣

場上，排練列隊、踏步、敬禮、轉身等基本軍事技能，然後在高年級學生的帶領下，列隊行至各自營地入口處報到——也就是主校園內各個建築大樓下的出入口處。

接待新生的高年級學生，多為軍校四年級學生，他們並排在新生立正報到的止步線外大約一步距離站定，身子挺直，表情嚴肅，目光如狼直視。新生從社會學校第一次到軍校報到，見此架勢，心裡先是緊張了一半，然後提著包立正，腳尖越過止步白線，接待人即刻大聲訓叱到：「誰讓你越線的？退後！」此時，新生的心裡徹底緊張起來，慌忙地放下提包，準備敬禮報到，這時接待人即刻怒吼道：「誰讓你放下提包的，提起來！」

接下來便是對新生進行之前排練好的一連串劈頭蓋臉的提問和訓叱。到了這個階段，新生基本上個個喘著粗氣，腦袋嗡嗡作響，滿臉寫滿大大的驚嚇和問號——我到底做錯了什麼？然後，語無倫次地接受著提問和訓叱。極少有新生可以一次或兩次順利通過「接待」這一關的，多數新生必須經歷三、四、五次，最終才通過「接待」。然後驚魂未定、跟跟蹌蹌地提著包，跟隨另一位高年級學生上樓確認分配的宿舍床位，安置好隨身攜帶物品，再下樓到校內的中央廣場集合。

西點「接待日」的目的，在於讓新生明白從入校的第

一天起，個人的自由和意志，必須在軍隊指揮鏈原則下完成。換句話說，也就是在軍隊系統中，個人是沒有所謂的自由和意志的。遵從軍隊指揮鏈原則才有自由，軍隊的集體意志即是個體的意志。這是為了把原先作為常人的個體自由和意志，打壓進入潛意識裡，重新鑄造出使人服從軍隊指揮鏈原則「自由」和集體意志的意識。

軍隊在人類歷史發展的進程中，乃是以暴力保衛各自（或以暴力侵占他人）領土、人民、經濟利益等，發展出來的系統性高效國家機器，闡述了人類作為群居動物，人性「貪、瞋、痴」的殘酷真相。我想，這也是人類社會之所以要有軍隊，並且每年要花大量納稅人的錢養軍隊的原因所在了。西點「接待日」表現出的軍隊文化，的確讓人對人性的殘酷特徵，有了更為直觀、深入的理解和領悟。

記得二〇一四年七月三日上午九點三十分，班傑明少校軍牧在軍牧辦公室的會議室裡，督導軍牧見習候選人關於西點軍校「接待日」的個人觀察和體驗，進行探討。其間，有位候選人在沉默片刻之後慎重說道，有生之年不會鼓勵自己的孩子報考西點軍校，並說出了自己對「接待日」的觀後感，表示：「這完全是對人性的泯滅，太殘酷了！」

這位新教福音派牧師語氣真誠，作為人父出於對子女

的愛,作為牧師出於對耶穌「愛鄰人」教導的敬重,說出了自己的真實感受和想法。不過,講真話在哪裡都會有代價。在接下來的探討中,有兩、三位候選人從軍隊原則和國家花錢培養軍人的目的,是為了保家衛國的角度,對西點軍校的「接待日」給出了軍隊系統中「放諸四海皆準」的教科書式敘述和分析,並委婉地表達了該牧師的看法不僅過於輕率,而且缺乏起碼的軍人責任感。

對於不同候選人關於西點「接待日」的觀察和反省,我個人認為,從人類幾千年來具規模的殘酷戰爭史來看,這是個無解的話題。從人性本善的角度而言,西點軍校的「接待日」,無疑給「人性本善」一個大大的下馬威,讓人直接體驗了人性本惡的殘酷面目。我想,人們需要認清的事實是,軍隊本身即是一部國家機器。軍人存在的意義是殺敵,目的是能打仗、打勝仗,守護領土完整、人民生命財產安全,在關鍵時為國家贏得戰爭。

就此而言,軍隊的存在,從本質上是人性黑暗面的具體展現。也因此,軍事使用的任何手段和方法,都必須保密,不能對外公布。《孫子兵法・始計第一》言:「兵者,詭道也!故能而示之不能,用而示之不用,近而視之遠,遠而視之近。」

軍隊對內,嚴格設置「非機密」、「機密」和「最高

機密」等不同級別的資料接收管道。對外，則從社會心理學角度，採用「職責」、「國家」、「榮譽」等理念，擺好自身社會位置，激發大眾愛國主義和榮譽情感，「令民於上同意，可與之死，可與之生，而不危也！」（《孫子兵法・始計第一》）。

也就是說，有目的性地引導民眾價值取向，進以謀略發展出各式各樣類似於宗教的儀式，來合法化軍隊作為人類有組織、有目的性的國家機器的事實，使原本人性惡的集體暴力和大規模非法殺人途徑合理化、合法化，乃至神蹟化──如英雄故事崇拜，以及各類勛章的授予儀式等。

從我做為佛教徒的角度來看，在人類歷史長河中，不同族群之間為了生存利益而衝突，其中演繹出的各式各樣的複雜「故事」，也夾雜了人性「貪、嗔、痴」三法引帶而來的「苦、空、無常」等元素。

西點新生在「接待日」之後接下來的一個星期，大約有接近百分之三至四的學生選擇退學，依據高年級學生的說法，高峰時刻可達百分之七，這也是為何西點軍校在正式錄取的學生人數之外，還多出備取人員名單，以為增補在「接待日」之後退學的學生。

或許在亞洲父母的眼裡，從世界聞名的西點軍校退學，無疑自毀前程。實際上，我在諮詢和協助 E 營三位新

生退學的過程中，了解到他們很有主見，屬於早熟人群。他們明確自己的人生目標，西點軍校不適合原先期待，所以選擇及早退學，進入其他的大學就讀。這些學生在被西點軍校錄取的同時，也被其他在美各地的名校錄取，並交了五十美元入學保證金，他們在西點退學後，直接轉學進入自己心儀的大學就讀，更好地尋求自己將來人生事業的發展方向。

雖然這些學生當時的平均年齡只有十七、八歲，但是他們的思想和對人生的規畫已然成熟，知道自己的人生要的是什麼，這點對我來說是比較有啟示的。相對而言，亞洲國家如中國大陸，十七、八歲的學生多半遵從父母安排上學，即便這個過程中發現不適合或有自己的想法，也多半不太敢做出自己的決定。

不過，話說回來，學員敢於直捷了當從西點軍校退學，這在很大程度上也可能與美國社會教育資源的開放和豐富有關。美國學生可以不受限制地申請自己心儀的大學，以及決定自己的學習興趣和愛好，不必在意父母的期待和別人的眼光。相對而言，亞洲教育資源短缺，考試升學制度競爭激烈，這在很大程度上決定了學生可選擇的餘地，受到了殘酷現實的制約。

當然，也並不是所有初到西點軍校想退學的新生都

能如願以償,在我諮詢的一位想退學的學生,她的父母也在陸軍工作,而且是高階軍官——據說是準將和上校級軍官,對於該生的退學想法極力阻擾,並透過關係讓西點校級教官和在校高階上校軍牧,向她女兒做遊說的工作。

對此,該生有一次在與我的交談中說:「反正這不是我想要的,既然我的父母那麼在意,我也不想違抗,無所謂了,我就在這耗到畢業就是了。」年紀輕輕的她,語氣中充滿失落,我聽著心裡也感到難受。這也使我第一次真正地認識到,身處社會高層的人士,嘗到了高層擁有的一般人所沒有的權力和利益,對別人子女的「平庸」可以從上向下兼容,對於自己子女的「平庸」則無法接受。

這可能也是希望權力及利益,繼續在下一代人延展下去的心理作用吧?所謂「人同此心,心同此理」,人類對權力和利益的追求,與生俱來,不分國界、人種。

這也使我首次在實際生活中認識到,美國雖然是個有夢想就能實現的國家,但也得分是什麼夢想。中層的夢想只要不偷懶、肯努力,的確可以實現,而且可以在設定的時間內實現。從中層跨越階級,進入高層的夢想,那可就不容易了。相信百分之九十九的美國人,盡其一生也無法實現這樣的夢想。這就好比洛杉磯東邊的貧民區居民,夢想跨越階層,進入西邊比利佛山莊的富人區生活。這種夢

想的成功率不是沒有，但比例低，也不是一般人透過努力工作就能實現的。

又社會高層的權力和利益，自成圈子，如水深流，寂靜無聲，常人難以涉足其中。目前，美國社會的結構和已知世界上其他國家基本一樣，階級固化是不爭的事實。這一階級固化的特徵，在西點軍校學生中呈現出的不同家庭背景和社會人脈關係，也能窺其一斑。當然，這是題外話，我們還是言歸正傳。

二○一四年七月四日美國獨立日，西點軍校放假一天，下午五點三十分左右，新生在高年級學生的帶領下，按營區順序在南北戰爭紀念碑下坡處鏈接獎盃角開闊草坪上集合，欣賞由學生組織的音樂晚會演出，傍晚七點左右放煙火至晚九點結束。當晚，新生大衛在煙火燃放的爆破聲中情緒失控，痛哭流淚。

大衛是無神論者，依據他本人的要求，第二天早上班長帶他到軍牧辦公室見我，做面對面的諮詢。我在諮詢中了解到，當年的大衛二十歲，在考進西點軍校之前，已在陸軍現役服役近三年，兩度外派至阿富汗，與敵人有過多次的正面交火，其中一次，戰友在他的面前中彈身亡，這對他年輕的心裡留下了創傷和陰影，也是他在獨立日當晚觀賞煙火秀時情緒失控、痛哭流淚的原因所在。

大衛在一個禮拜內,先後與我面對面做了三次諮詢,每次結束前十五分鐘調息靜坐、慈心冥想,收到了很好的效果。也因此,打開了我在西點軍校的週日禪修活動日程。

　　大衛是我在西點軍校見習期間,禪修活動的堅定參與者,他同時也鼓勵身邊校友來參加我的禪修活動。可以這麼說,二〇一四年夏季,我作為當時西點軍校建校二百一十二年來的第一位佛教宗教師,在該校帶領的禪修課程由諮詢新生大衛開始,逐漸從一人、兩人、三人參加,發展到我離開時的三十人左右。

　　這其中除了大衛固定參與禪修和時常找我諮詢之外,還有一位黑人威廉,也時常到軍牧辦公室或到我在E營的辦公處找我諮詢。威廉當年十九歲,二〇一三年八月二十八日至九月二十六日,我在密蘇里歐扎克郡倫納德‧伍德堡軍事基地第三化學旅見習,威廉當時是剛入伍的新兵,在該旅步兵營接受三個月的新兵訓練,每個週日都來參加我在第三化學旅軍牧辦公室禮拜堂主持的禪修活動。

　　記得在西點軍校新生「接待日」第二天早上五點三十分,E營與H營新生在哈德遜河西岸介於厄普頓路與塔路之間的北運動場集合晨練。晨練結束之後,學生列隊回華盛頓大樓前集合準備用早餐,我作為E營宗教師與其他軍

官殿後,當時有個黑人小夥子走到我跟前,他個子高約一米六九左右,戴眼鏡,人開朗,向我敬軍禮,然後開心地問道:「早安長官,還記得我嗎?」我回禮,看著眼前這位身體健碩、笑容可掬的小夥子,一時想不起來,直到他提起自己二〇一三年七月至九月在密蘇里倫納德・伍德堡軍事基地訓練期間,參加過我的禪修活動,並在禪修結束後跟我有過面對面的交流,我這才想起來他是威廉。

大概在二〇一三年九月初,威廉在禪修結束後與我交流,告訴我他計畫報考西點軍校,沒想到還真讓他考上了,而且這麼有緣能在西點再遇。人與人之間的緣分,實在微妙而不可思議!

現在執筆回想二〇一四年夏天,自己在西點軍校的見習,許多記憶已模糊不清。總體而言,西點軍校的夏天難忘,積累了自己作為佛教宗教師在陸軍現役弘法的經驗,增強了以佛法結合軍隊實情,有效服務官兵的信心,同時對陸軍現役文化也有了更深的理解。西點軍校的見習,也使我重新認識了陸軍文化,以及作為個體的「人」在陸軍集體意志中的位置和意義。西點的見習,同時也讓我進一步看清了人性的脆弱,以及權力下的欲壑難填。

作為常人,如果可以對西點軍校的歷史、文化、人物去魅化,客觀看待西點軍校作為一個軍事教育機構,其本

質和社會上其他大學的教育目的是一致的，在於量身定制社會職業所需勞動力。如果進而可以從人的角度將西點種種人物故事去魅化，則不難發現，在令人仰望的西點軍校歷史文化人物故事中，隱藏著極度深邃的人性「貪、瞋、無明」的權力探戈。

而在人類近萬年的社會組織發展進程中，越靠近權力的人性，越容易陷入寂靜扭曲的時空漩渦中，難以自拔。從某種意義上來說，西點軍校也是整體陸軍系統「積極」與「消極」文化的縮影。

作為身在其中的「旁觀者」，西點軍校見習期間的耳聞目睹，使我懷疑自己在陸軍弘法的意義，從而產生了退出陸軍、回歸僧團生活的念頭，以期給自己騰出反省內心意願的空間。

恰好這時菲律賓納卯市 H 寺主持 N 法師打來電話，說淨華長老尼出資在菲律賓納卯市薩馬爾島（Samal）買下的一百畝土地，「等著你來處理呢！」同時邀請我協助管理當時營運出現困難的納卯市 H 寺佛教中學，隨後給我發了份簽名的電子文件邀請函。這在一定程度上，促成了我本來還不太確定是否申請退役的念頭，進一步確定。又在 N 法師的勸說下，經過一段時間的考慮之後，我做出了從陸軍預備役申請退役的決定。

陸軍退役

二〇一四年七月中旬，我在西點軍校見習期間，透過電子信件聯繫華盛頓陸軍軍牧候選人項目管理人西弗德少校軍牧，向他表明自己退役的意願，隨後正式遞交申請退役文件。我在當時申請退役，原因固然眾多，但主要還是我個人在那時期，對陸軍文化，無法做到真正接受，特別是無處不在的官僚作風。

此外，在過去兩年半的時間裡，我在陸軍的弘法過程中，作為佛教心性關懷供給者，傾聽了各式各樣的官兵人生、家庭問題，使我對人性與軍隊文化之間關係，進行了反省。我意識到在過去兩年半的陸軍弘法，有太多思緒需要理清，太多煩惱需要掃除。

當我向見習督導班傑明少校軍牧提出自己有意退役的時候，他感到很詫異，詢問具體緣由。我告訴他，自己想到菲律賓弘法，協助 N 法師管理 H 寺佛教中學。班傑明少校軍牧表示理解，但希望我可以再考慮考慮，不要急於做出決定。我沒有跟他提起的是，我已正式向西弗德少校

軍牧遞交了退役申請文件。

　　二〇一四年七月十九日星期六，在我七月二十二日西點軍校見習結束之前三天，我特意拜訪了紐約上州博南郡肯特鎮的莊嚴寺，希望此行能見到菩提比丘或主持法耀法師。不巧菩提比丘回紐約布魯克林看望病重俗家親人，法耀法師則在前不久剛回東南亞弘法，要過一段時間才能回美國。當天，李祖鵠居士在寺裡熱情地接待了我，安排用午齋。

　　我在用完午齋之後，向他提起西點軍校有位莊嚴寺信徒的兒子威利斯，是位虔誠的佛教徒，常年隨父母到莊嚴寺參加法會，亦曾參加莊嚴寺舉辦的兒童夏令營。當年，威利斯作為西點軍校新生，定期參加了我舉辦的禪修活動和佛法討論課程。

　　此外，我也告知李祖鵠居士，我在西點軍校的見習將在月底結束，希望菩提比丘或法耀法師可以安排時間，定期到西點軍校教導禪修。如得允許，我將和西點軍校軍牧辦公室協商，同時與威利斯和其他在校佛教徒學生溝通，讓他們協助申請法師進入西點軍校教授禪修，及安排具體的禪修課程時間表。

　　李祖鵠居士表示，會向菩提比丘和法耀法師轉達我的訊息，同時建議我發一封電子信件給莊嚴寺義工蘇居士，

由她轉告菩提比丘（菩提比丘平時的信件主要由蘇居士幫忙打理），在徵得蘇居士的同意後，李祖鵠居士將她的電子郵箱抄寫給我。我對李祖鵠居士的熱情接待、建議和協助表示了感謝，隨後便驅車離開莊嚴寺回西點軍校。

我在西點軍校接下來的時間，忙碌於夏季見習尾聲的工作交接，所以也就沒有發電子信件給蘇居士。直到二〇一四年七月二十七日，我回到西岸洛杉磯四天後，才發了封電子信件給在東岸的蘇居士，請她轉達菩提比丘如下內容：

> 尊敬的菩提比丘：
>
> 　　弟子振冠居住洛杉磯，目前在南加州華人佛教會執事。寫這封電子信件給您的目的，是希望能為美國西點軍校的佛教徒學生尋求可能的禪修指導和佛法教學。
>
> 　　最近，弟子作為陸軍預備役佛教宗師候選人，在西點軍校進行了為期三十三天見習。西點軍校大約有十一位來自不同佛教傳統背景（漢傳、藏傳和南傳）和國家背景（臺灣、外蒙古和泰國等）的佛教徒，禪修為該校不同佛教徒學生

的共修課程。西點軍校的佛教徒學生及其他對佛教感興趣的學生和工作人員，實在需要獲得禪修及深入了解佛教教義的指導。

此外，在西點軍校，我遇到新生威利斯，該生的父母是莊嚴寺信徒，他本人也是位虔誠的佛教徒。從我們的多次交流中，我發現威利斯對佛教的教理教義有相當深入的理解。

弟子衷心希望長老或莊嚴寺其他法師，能慈悲定期──每週或每月──為西點軍校的佛教徒學生提供禪修和佛學指導，這無疑將是他們最大的福報。感恩。

弟子 振冠 和南頂禮

隔天，二〇一四年七月二十八日，紐約時間早上八點二十九分，洛杉磯時間五點二十九分，菩提比丘在收到蘇居士轉達的訊息之後，給我回了電子信件，內容如下：

振冠法師慧照：

蘇居士轉達了您的資料，我目前手上在做

的事,已是我所能做的極限。我每週在寺院授課三天,其他時間需用於寫作、翻譯經典以及指導「佛教全球救濟會」(Buddhist Global Relief)工作。

目前,莊嚴寺常住法師中,唯一能說流利英語的僧人,只有方丈法耀法師及其侍者。不過,他們兩人的日程也排得滿滿。我在此將這封電子信件抄送一份給法耀法師,但我知道他本人的工作量已滿檔,這包括他每週需要花三天時間到紐約道場講經說法,同時也經常被邀請到各州教學講法。

我個人建議您向紐約象岡鎮(Pine Bush)藍崖寺(Blue Cliff Monastery)或法鼓山道場洽詢,看看他們是否有僧人可以到西點軍校指導禪修、教授佛法。象岡鎮的藍崖寺和法鼓山道場位於哈德遜河西側,到西點軍校的交通更加便利。我沒有對方的聯繫方式,您可在網路上搜索。

祝安,

菩提比丘。

依據菩提比丘的建議，我在谷歌上搜索到了象岡鎮藍崖寺和法鼓山道場的聯繫方式。打了電話給對方，對方表示抱歉，寺院沒有多餘的人手可以來負責這件事。他們語氣謙和、真誠，也小心謹慎，畢竟我們誰也不認識誰。

實話實說，當年北美佛教界對僧人到軍中弘法沒有概念，不了解其中的來龍去脈。不像十年後的今天，經過媒體報導，佛教界對僧人到美軍中弘法，何為軍中「佛教宗教師」，逐漸有了些許概念和認識。當年，法師們接到我電話時小心謹慎，是對的。

我意識到，西點軍校禪修課程的持續因緣，尚未成熟，只好看任其曇花一現。內心雖有不捨，但也只能「盡人事、聽天命」。多年後，當我與菩提比丘有佛教會議事務往來，向他談及當年西點軍校的禪修往事因由，他也表示沒能讓禪修在西點繼續下去，的確可惜，但因緣不到也沒辦法。

自從該年七月中旬，我向西弗德少校軍牧提出退役，並遞交申請退役文件之後，二〇一四年八月十四日獲得了批准，八月十五日正式收到陸軍部門的確認通知。自此，我在法律上正式從美國陸軍光榮退役。

當我把退役的訊息告知三九三憲兵刑事偵緝營指揮官詹姆斯中校，以及西點軍校班傑明少校軍牧時，他們都

感到驚訝,希望我將來有機會再申請回陸軍工作。詹姆斯中校在電話中對我說道:「我相信陸軍需要你,士兵需要你,希望你在完成你們寺院安排的事務之後能再回來。」

班傑明少校軍牧對我的退役表示驚訝之餘,同時也感到了可惜。和詹姆斯中校一樣,他亦希望我日後能再申請回到陸軍軍牧系統工作。我對他們的關心表達了感謝,不過我當時的想法是,我想自己餘生不會再回到陸軍工作了。不過世事難料,宿業難敵,又有誰能想到,十年後的二〇二三年三月,我會再次回到陸軍現役工作?而回陸軍現役工作的三位主要推薦人之一,即是當年三九三憲兵刑事偵緝營指揮官詹姆斯中校(後來的詹姆斯上校)呢?

當我二〇二三年三月在臉書的 messenger 裡告知已退役的詹姆斯上校,我被陸軍軍牧總長選為陸軍現役佛教宗教師時,他興奮地回覆到:「沒有什麼比能看到你回到陸軍工作,讓我更高興的事了!」

而當年的班傑明少校軍牧在升任中校後,被派往歐洲德國萊茵任歐洲駐軍師部軍牧長。二〇二四年一月二十五日,他從歐洲與我的電子信件中表示:「我向上帝禱告,這次可以留住你。」班傑明中校軍牧詢問了我的旅部軍牧督導姓名,得知是 G 少校軍牧時,告訴我他們在多年前曾一起上過陸軍臨床牧侍關懷課程,讓我代他向 G 軍牧

及其太太問好。

如果說陸軍文化中體現出的官僚作風和權力探戈，讓人窒息、產生退役念頭。那麼，陸軍中軍牧與官兵之間建立起來的長期戰友情誼和信任愛護，使我在混亂善變的社會中，看到秩序與守恆的力量。

這令我難忘，也使我重新思考軍隊作為國家機器，在特定情境下閃現出的獨特秩序與人性光輝，使我進一步探索了大乘佛教《地藏菩薩本願經》描述的地藏菩薩「地獄不空，誓不成佛；眾生度盡，方證菩提」的願力與無畏，以及《妙法蓮華經・觀世音菩薩普門品》中觀世音菩薩「無垢清淨光，慧日破諸闇；能伏災風火，普明照世間」的智慧與慈悲。

佛教悲、智、行、願，展現在日常生活中的無畏，本身與客觀世界的人、事、物、法，息息相關。主觀上對我在十年後，重新選擇回到陸軍弘法工作，起到了間接的啟發意義。當然，這是後話。

Part4
峰迴路轉是宿緣

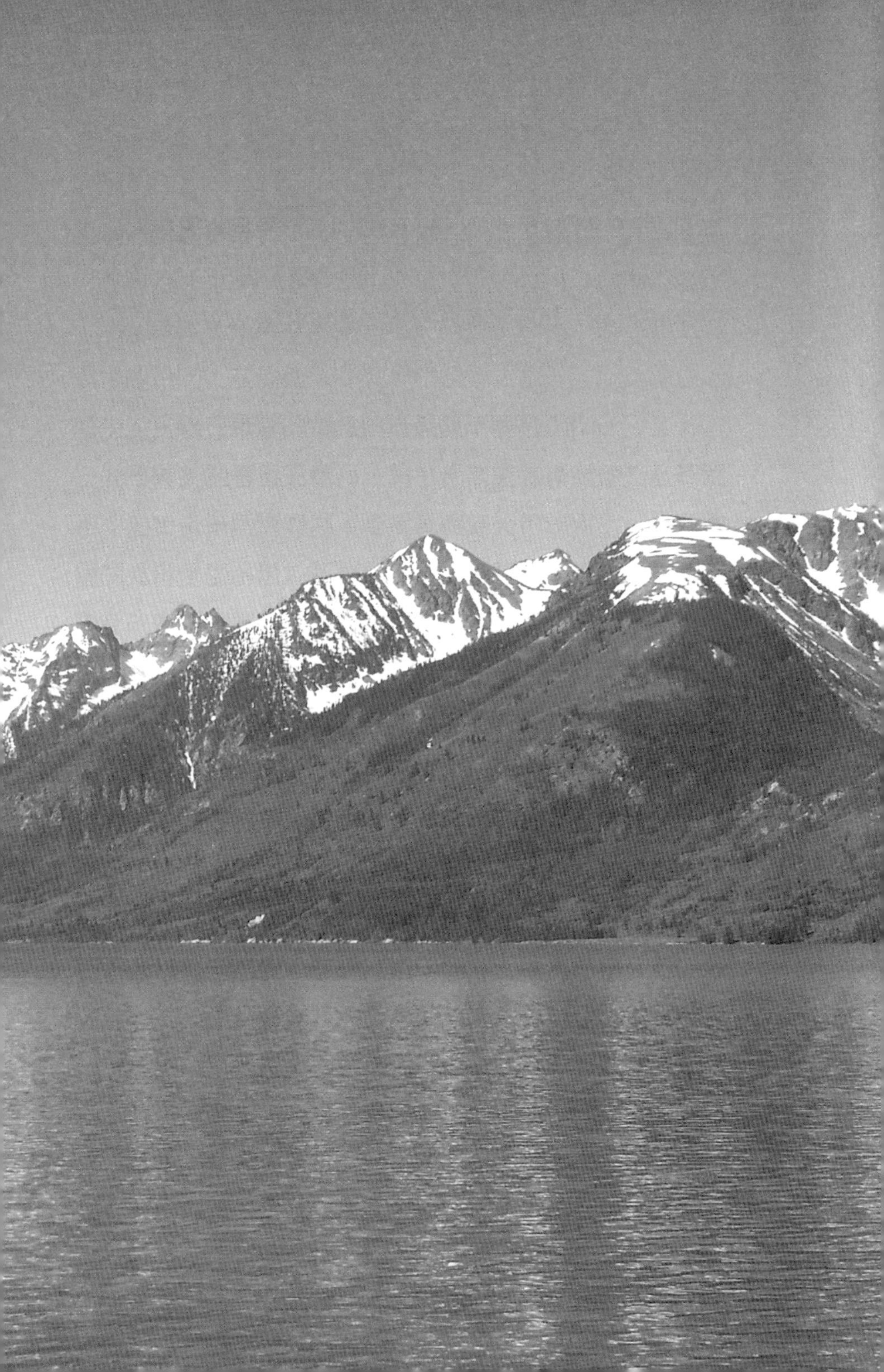

回到熟悉而陌生的僧團生活

二〇一四年八月十五日,我從美國陸軍退役後,回到了北美華人佛教生活文化圈,回到了熟悉的海外華人僧團生活。不過,不久我即意識到,在經歷了一連串的「不舒適」之後,本來習以為常的舒適圈,開始變得不太舒適起來。

當時,我想再次融入熟悉的華人佛教生活文化,面臨了兩方面問題。首先,我該如何重新融入華人佛教界?其次,我應如何調整已發生在我身上的人生觀、社會觀和宗教觀的變化?這兩方面問題側重點不同,對於當時的我而言,都具有一定的挑戰性。

就前者而言,當時展現在我面前的客觀事實是:在我踏出華人佛教生活文化圈的第一天起,要想再次融入,很難。除了幾位深交的法師和信徒之外,多數法師和信眾,不接受我曾在陸軍弘法工作的事實。這一點我可以理解,畢竟在華人固有的思惟和認識裡,出家人的「職責」是待在寺院好好修行,化緣蓋廟。僧人打破原有的佛教生活文化,進入社會事業單位工作,很難讓人接受。也因此,當

地華人佛教界，一直以來對於我到陸軍弘法存有疑問。當然，這些屬於外在因素，往往無解，非我所能控制。

就後者而言，不受外在因素影響，主要是我個人的內在主觀認識和選擇問題，為個人可控範疇。自從我在二〇一二年二月二十三日跨出華人佛教生活文化舒適圈，進入陌生的美國宗教生活文化圈之後，我先前所認為「合理」的華人社區宗教生活文化習俗，開始變得模糊，疑問重重起來。

這使我感到驚訝，仿若進入青原行思禪師（六七一年—七四〇年）所言：「見山不是山，見水不是水」的境地之中。原來認為正確、理所當然的人、事、物、法，開始混淆不清，讓我一時感到不知所措！

這兩方面的問題困擾著我，加上兩年半的陸軍弘法工作生涯，接觸到官兵不同層次的人生問題，讓我產生了暫時離開社會、回歸自然山林的念頭。二〇一四年八月底，我帶上帳篷和睡袋，準備好兩個星期的食物和日用品，在沒有告知任何人的情況下，一個人驅車進入天使山脈叢林深處，在山水之間，獨處禪修。兩個禮拜，風暢意清，溪流心淨。

這對我來説，是自二〇〇五年七月二十六日在廣州大佛寺辭別耀智和尚，於我父親生日的當天下午，從白雲

國際機場經韓國首爾轉機,飛抵美國洛杉磯弘法的十多年來,心靈上收穫最多的山林獨處時光。這期間,我深入體驗了禪與自然,及我在其中的關係,並據此調整身心狀態,重新迎接自己回到「熟悉」而又「陌生」的海外漢傳佛教界僧團生活。

二〇一四年九月中旬,我下山回到洛杉磯,接到蒙特利市雪峰精舍淨華長老尼的電話留言,長老尼在留言中告知,菲律賓納卯市H寺N法師找我到菲律賓,協助他管理H寺佛教中學,並請我聽到留言後回電話給她。我回了電話,長老尼在電話那頭告訴我,菲律賓納卯市H寺N法師問我何時能到菲律賓?我告訴她大概十月份可以成行。我隨後訂了十月份飛往菲律賓馬尼拉的機票,並請淨華長老尼轉告N法師我到馬尼拉的具體時間。

淨華長老尼,當代漢傳佛教奇女子,一九三六年出生於中國廈門,俗姓白,字瑞緣。十歲在廈門妙清寺帶髮出家,茹素修行(閩南地區俗稱「菜姑」)。先皈依會覺老和尚,後隨清念上人修行佛法。

一九四七年,十二歲的白瑞緣在國共內戰期間,隨姑母移居越南。一九五一年,帶髮修行的白瑞緣在越南西貢堤岸創辦妙法精舍,一九五八年迎請太虛大師弟子演培長老至越弘法,一九五九年農曆十二月一日依止演培長老出

家,法名「淨華」,後至臺灣新竹壹同寺女眾佛學院,親近印順導師學習佛法。

演培長老至越南弘法、淨華出家後至臺灣壹同寺女眾佛學院親近印順導師(中)。(照片由菲律賓馬尼拉信願寺主持傳印長老提供)

一九六五年之後,南越與北越戰爭升級,年輕的淨華法師無法返越,一個人滯留臺灣,四處托人掛單。據長老尼後來回憶,這是她出家以後,第一次嘗到人情冷暖。說人不到落難時,看不清人心和人間真相。感嘆世人錦上添花易,雪中送炭難。

有些出家人雖說以慈悲為懷,但在沒有開悟前也是凡人。是凡人就有嫌貧愛富、落井下石的世人煩惱。就在當年年輕的淨華法師人生去向茫然無措間,經同樣年輕的印海法師指點,應菲律賓廣範長老邀請,於一九七二年到納卯H寺,協助長老打理寺務。

依據菲律賓信願寺主持傳印長老的回憶,納卯H寺在一九六六年為廣範長老建立,附設週日中文學校,一九九四年,在廣範長老和淨華長老尼的努力下,擴建週日中文學校為菲律賓納卯H寺佛教中學。當年初創的納卯H寺及其附屬週日中文學校,經濟上時常難以為繼。

由於廣範長老需要協助瑞今上人,打理馬尼拉信願寺事務,無法常年住在納卯H寺,多虧了當年年輕的淨華法師用心經營,聚得一眾信徒,使H寺及其附屬週日中文學校,得以維持、發展。

據淨華長老尼回憶,一九八三年,菲律賓納卯H寺信徒女兒在美國舊金山加州大學柏克萊分校畢業。已屆中

年的淨華法師應邀前往觀禮，由此因緣遇到從越南逃難到美國的妙法精舍信徒。隨後在越南信徒的邀請下，最初在舊金山奧克蘭成立雪峰精舍。

　　一九九〇年，北加奧克蘭雪峰精舍遷至南加洛杉磯。一九九三年，在菲律賓信願寺廣範長老及信徒的捐助下，開創了今日位於蒙特利市的雪峰精舍道場。二〇一二年，長老尼以七十七歲高齡，擴建蒙特利市雪峰精舍道場，增蓋地藏殿及模範堂。

　　縱觀長老尼一生，在動蕩不安的戰亂歲月裡，遇顛沛而流離，經磨難而道堅。在和平年代裡，興寺安僧，栽培後學。一生遇困難不抱怨，繼往開來，印證了王陽明所言：「身不苦則福祿不厚，心不苦則智慧不開。」及《菜根譚》所說：「達士以心拂處為樂，終為苦心換得樂來」的境界。

　　長老尼的一生，廣泛贏得教界僧俗四眾弟子的尊敬和讚歎。特別是長老尼在菲弘法期間，對納卯市H寺及附屬佛教中學的貢獻，得到了當地華人信徒兩代人的感念。我由於出生在閩南漳州地區，與長老尼同為閩南人，在洛杉磯弘法期間，時常得到長老尼的福澤庇佑。

　　又我陸軍退役，到菲律賓的弘法因緣，也由長老尼而來。二〇一四年四月初，長老尼邀我到菲律賓旅遊，在

馬尼拉小住一個禮拜，拜訪了信願寺主持傳印長老，以及長老尼相識多年的善友信徒，後至納卯市Ｈ寺參加該寺附屬佛教中學四月十三日圖書館開幕儀式，以及廣範長老靈骨塔安座十週年慶。淨華長老尼、傳印長老、我、長老尼弟子緣清法師，以及馬尼拉當地五、六位信徒，在四月十二日晚間從馬尼拉機場飛往納卯市，當晚大約十一點左右到達納卯市Ｈ寺。

　　二〇一四年四月十三日早上十點三十分，Ｈ寺佛教中學圖書館開幕儀式與廣範長老靈骨塔安座十週年慶開始，現場主持儀式和週年慶的法師，有美國雪峰精舍主持淨華長老尼、菲律賓馬尼拉信願寺主持傳印長老、印尼棉蘭佛教聖城大叢山寺主持慧雄法師、廈門市佛教協會常務副會長、觀音寺住持定恆法師，以及廈門市佛教協會副祕書長、普光寺住持傳建法師等，儀式簡單而隆重。

　　結束之後，Ｎ法師安排我們在納卯市Ｈ寺停留了四、五天。主要是為了帶淨華長老尼到離納卯市九百公尺海道的薩馬爾島，去看島上一塊掛牌出售的一百畝土地。

　　當時，由於擁有該片土地的地主去世，他的子女急於將土地出售分配家產，所以出售的價格相對低廉，以當時菲幣換算美元大概在十萬左右。Ｎ法師說，已經下了買地的訂金，並向淨華長老尼表示，菲律賓的窮苦孩子多，

其中也有許多無家可歸的子女,特別是薩馬爾島上的居民謀生不易,經濟狀況比其他地方艱難,計畫將來這塊土地購買下來開辦學校,幫助當地窮苦子女接受教育、改變命運,同時也想設立禪修中心,弘揚佛法。

　　N法師的計畫,打動了淨華長老尼「為教為眾生」的慈悲心。隔天上午,淨華長老尼、緣清法師、我及兩位來自馬尼拉的信徒,在H寺主持N法師和當家師C比丘尼的帶領下,前往薩馬爾島參觀了那片將要出售的土地。

　　該片土地平整,離薩馬爾島清澈海灘約二十分鐘左右的車程,土地上有許多椰子樹和咖啡豆樹,中間開闊空地的樹蔭下,有一棟結構完整的兩層樓建築,為已去世地主留下。由於子女都已搬到對岸納卯市區居住生活,這棟樓在地主去世後,也就荒廢了。

　　該樓為西方獨棟式別墅建築,上下兩層,建築面積約一百平方公尺。樓下是客廳、廚房和盥洗室,我沿著一樓樓梯上到二樓,樓上有三間臥室。走廊已經老化的牆壁上,掛著一副褪色的全家福照。彼時該樓年久失修、人去樓空、牆體脫落,照片裡依偎在父母身旁幸福微笑的三位子女,不知此時是否還有往來?還是只盼分完家產,各奔東西?人世無常,如是輪迴不息,而世人不覺,令人慨嘆!

下午回到納卯市H寺，N法師接著表示，納卯市政府計畫將來不久，在納卯市通往薩馬爾島輪渡碼頭原址，修建跨海大橋，如果現在不把這塊地買下來，將來可能會沒有能力購買。N法師希望長老尼慈悲，幫忙出款買下這塊土地，也好讓她及已故廣範長老一手建立起來的H寺及附屬佛教中學，進一步發揚光大，利益更多的當地社會民眾。淨華長老尼表示，可以考慮考慮。

　　就我個人與淨華長老尼多年的交往了解，淨華長老尼給人的印象出手大方，四處供養出家人和道場，總是有求必應。不熟悉她的人，以為她很有錢，事實上，她本人相當節儉，雪峰精舍的經濟狀況也不甚理想，十萬美元對當時的雪峰精舍和長老尼而言，是一筆不小的巨款。

　　第二天早上，在H寺二樓廚房用完早餐，C比丘尼繼續接著N法師昨天的話題，嘗試說服淨華長老尼買地。C比丘尼是福建莆田人，九〇年代出家，後在廈門妙清寺常住期間，遇淨華長老尼從美國返鄉探親拜謁祖庭，在妙清寺祖庭小住，相處有緣，拜長老尼為師。

　　依據廈門佛教協會網站介紹，妙清寺位於思明區新華路牆頂巷二十八號，之前在廈門古城西路一四一號，一九二五年由菜姑陳妙卿創設，奉觀音菩薩。妙清寺在一九四二年從古城西路一四一號遷至目前地址，之後由於

國內經歷各種政治運動而沒落。一九八六年，妙清寺由自小帶髮修行、後來出家的淨華長老尼發動海內外信徒出資重建。一九八七年動工，一九八九年落成。截至二〇二四年，妙清寺住有四位比丘尼，菜姑十人，由勝定法師住持。

二十世紀九〇年代中後期，C比丘尼在妙清寺拜淨華長老尼為師之後，由長老尼協助移民菲律賓，接手管理納卯H寺及附屬佛教中學。不久，C比丘尼向淨華長老尼推薦同為莆田人的N法師，到菲律賓協助管理H寺及附屬佛教中學。N法師在二〇〇四年四月二十三日廣範長老往生後，由莆田廣化寺前往菲律賓H寺。隨後，淨華長老尼將納卯H寺及附屬佛教中學，全權交由C比丘尼和N法師經營管理。

二〇一四年四月我在菲律賓期間，淨華長老尼曾提起，中國自改革開放之後，國內出家人的經濟收入和生活條件，得到了大幅度的改善，相對落後的菲律賓好許多。因此，自九〇年代以來，很難找到願意發心到菲律賓常住弘法的中國法師。

淨華長老尼原本打算，如果找不到國內的法師發心經營，就將納卯H寺及附屬佛教中學交給臺灣慈濟功德會打理。C比丘尼與N法師的到來，改變了淨華長老尼的

想法。淨華長老尼認為，C比丘尼與N法師不僅肯吃苦耐勞，而且很有經營道場、匯聚信徒辦事的能力和天賦。同時具備這兩方面能力的法師，在佛教界不好找，且難能可貴。

當天早餐後，對C比丘尼的買地遊說，淨華長老尼雖然認同購地對H寺的將來發展有利，可以在當地進一步發揚光大佛教，以佛法利益更多本地人，但也一直沒有給出明確的答覆。

如前所言，一般人不知道長老尼個人沒有存款，雪峰精舍的經濟狀況也不理想，只看到長老尼供養別人道場出手大方，以為她很有錢。別人不知道的是，長老尼常把別人供養她的供養金，轉手供養他人及道場。據我出家多年的觀察，這也是許多經歷過戰亂年代，不忍聖教衰的老一輩出家人的做法、美德。

我與長老尼相識多年，知道長老尼不給出明確的答覆，有她自己經濟上的難處。這時，一旁的N法師突然對我說：「振冠法師英文這麼好，又善交際，菲律賓這邊特別需要你這樣的人才來弘法啊！」

然後他話鋒一轉，對淨華長老尼說：「將來這塊地買下來，請振冠法師來發心建學校和禪修中心，度本地人，您看怎麼樣？」

沒想到淨華長老尼當真了，説：「要是振冠法師願意發心，我可以出錢買地。」

我當時對二位説：「我不適合做這個，在美國陸軍工作，比較適合我的為人性格。」

如今執筆回想當時情節，大概是我自己後來扛不住Ｎ法師的遊説，答應了他假期可以到菲律賓幫忙。此外，我也觀察到Ｎ法師抓住了淨華長老尼説「我可以出錢買地」這句話，從心理上了解了淨華長老尼已經鬆口，會想辦法籌錢買地。

我想從心理上來分析，淨華長老尼盡其一生，都把納卯Ｈ寺看成自己在菲律賓的「家」，同時視Ｃ比丘尼與Ｎ法師為「家人」。出家人捨家無家，以寺院為家；獨身無兒女，以徒眾為兒女。基於這樣的心理，淨華長老尼最後還是鬆了口，在離開納卯回美國洛杉磯之前，答應了回美後，匯款十萬美元給Ｃ比丘尼和Ｎ法師買地。

我沒想到的是，Ｃ比丘尼和Ｎ法師會接著提出還需要六萬美元用來整地和啟動「學校」及「禪修中心」的初步資金，對此長老尼也點頭應承。

二〇一四年四月下旬，我回到美國洛杉磯後，在雪峰精舍掛單一個星期，淨華長老尼曾有兩次在午飯後向我提起，Ｃ比丘尼與Ｎ法師從菲律賓納卯打電話給她，告訴她

已簽好買地合約，希望長老尼盡快把錢匯過去。我看長老尼兩次提起此事，想必她後悔了當初答應給錢的事過於草率？畢竟雪峰精舍的信徒不多，平時也沒什麼法會活動。一年到頭的收入，勉強可以維持寺院的日常開銷，並無多餘存款。於是我建議長老尼，如果目前經濟有困難，不妨直接告訴C比丘尼和N法師，他們應該可以理解，長老尼不置臧否。

此次談話不久，長老尼便托人把錢匯給了菲律賓納卯H寺的C比丘尼和N法師。這也就有了我六月和七月間在西點軍校見習，接到N法師從菲律賓納卯H寺來電，告知一百畝地已購，整地和啟動禪修中心的錢也已到位，接著等我去處理。

「你自己答應長老尼的事，不能說話不算數！」N法師在電話那頭以近似玩笑的口吻說道。我雖然覺得此事滑稽，但也一時無言以對，同時他告訴我，H寺佛教中學缺少管理人才，當時營運出現一些狀況，希望我可以過去協助他管理學校，隨後在二〇一四年七月中旬，發來簽名的電子文件邀請函，我最後向陸軍申請了退役。

現在回想起來，我當時三十四歲，對世間人情世故尚不深諳其中門道，不像現在人過四十而不惑。當年，我正值青壯年，對「弘揚佛法」、「廣度眾生」心存不切實際

的想像，此事還得從二〇一四年四月說起。

　　二〇一四年四月，我與淨華長老尼及其弟子緣清法師到達菲律賓馬尼拉後，淨華長老尼和緣清法師在宿燕寺尼眾道場安單，我在馬尼拉信願寺男眾道場掛單。在馬尼拉信願寺掛單的一個星期裡，受到主持傳印長老的熱情接待，允許我在早課後自由活動。於是我每天做完早課、用完早餐後，便沿著信願寺正門納拉街，向右步行至拉托雷街，再右轉進入阿巴德桑托斯大道，然後沿著街道，了解菲律賓首都舊城區居民的生活。

　　菲律賓首都人民的生活狀況給我的直觀是「冰火兩重天」，極度富裕與極度貧困，交織在首都馬尼拉的每一個角落裡、每一條舊城區的街道上。

　　首都馬尼拉滿街跑著二手改裝、用來載客的二戰時期美國生產的柴油動力加長吉普車。街道上、天橋上、大廈轉角處，隨處可見席地而眠的婦女兒童嬰兒。據我後來與當地移民自閩南的華僑了解，馬尼拉有三代無家可歸的「街友」和「橋友」（住在街道邊和橋洞下的無家可歸者），這給初到菲律賓的我內心極大震撼。

　　也因此，我對長住菲律賓弘法的法師心懷敬意，同時也希望自己將來能為菲律賓當地有需求的民眾，做些力所能及的個人貢獻。

我想，當Ｎ法師提出在薩馬爾島買地蓋學校，透過教育，讓島上的窮苦本地人子女改變命運，以及開設禪修中心，以佛法造福當地居民的計畫，正好符合了我希望為菲律賓當地需要幫助的人們，做些力所能及的事的願望。對此，我可以捨下美國這邊的工作，前往菲律賓納卯為初次相識、不知其為人者無償勞作，心甘如飴。

這從側面也解釋了，在沒有深入了解一個人之前，表象具有迷惑性，以及何以歷來有心政客、商人甚至為社會敬重的神職人員，可以利用政治、宗教、文化牟利，或從心理上左右他人思想、行為的緣故了。

我在二〇一四年十月初從洛杉磯飛抵馬尼拉，當時馬尼拉傳印長老回中國大陸泉州辦事，告知我過幾天才能回菲律賓，他隨後電話交代弟子們清法師到機場接我，安排我在信願寺上客房掛單。

我在信願寺住了一個晚上，第二天下午搭乘菲律賓航空公司飛機至納卯機場，在機場左等右等，不見有人來接機，打電話到Ｈ寺也沒人接。於是我在機場搭車至Ｈ寺，在Ｈ寺客堂見到了正在泡茶的Ｎ法師，他抱歉地說記錯了我到納卯的日子，誤了派人接機。我告訴他，我到納卯機場時打了電話沒人接，他解釋自己剛才在寺院後面附屬中學辦事，客堂平時沒人在。

我二〇一四年十月到納卯住下來之後，N法師和我談了薩馬爾島一百畝土地的計畫，希望我能發動認識的海內外信徒捐款蓋禪修中心，按他的說法：「這是你的事，跟我無關，你答應長老尼的事，要做到。」

　　後來在該年的十二月底，有一次在H寺客堂喝茶聊天，N法師無意間跟我提起，許多韓國人到薩馬爾島靠近海灘的地方購地，開發度假旅遊業。N法師表示，度假旅遊將是薩馬爾島未來的主要經濟產業，所以他打算用這塊地引入中資，將來開發度假村和住宅。我聽了之後沒有說什麼，但我想這應該是他和C比丘尼當初計畫買地的真正目的了。

　　二〇一五年一月三日，我感到菲律賓納卯H寺的情況有點複雜，於是在此期間，從網上向紐約哥倫比亞大學提交到該校社工學院讀碩士的申請文件，一月十六日完成上傳申請文件及三位推薦人信件。

　　二〇一五年二月中旬，我回美國洛杉磯，協助淨華長老尼籌備該年三月十四日將在雪峰精舍舉行的「美國漢傳佛教國際文教中心」成立儀式。回美後的第二個禮拜，我收到了紐約哥倫比亞大學社工學院的錄取通知書，二〇一五年三月二日，作為新生應校方邀請，參訪了紐約哥倫比亞大學校園。

二〇一五年三月十四日，美國漢傳佛教國際文教中心在雪峰精舍新落成不久的模範樓成立，推選福州開元寺主持本性法師為理事長，我為祕書長，協助本性法師美國弘法事務。這也是我第一次認識本性法師，之後保持了近十年的工作關係，至二〇二三年八月，我卸下美國漢傳佛教國際文教中心祕書長一職，回到美國陸軍現役工作為止。

淨華長老尼相信，本性法師是一九五四年肉身坐化臺灣的慈航菩薩的再來人。依據淨華長老尼回憶，她在帶髮修行當「菜姑」的時候，曾經有一次從越南到臺灣拜訪暮年的慈航菩薩。慈航菩薩對她說，自己往生五十年後，中國大陸的佛教將再次復興，然後他將回歸福建慶雲寺祖庭。當時年紀尚輕的白瑞緣菜姑，認為慈航菩薩老了說糊話，也就沒有放在心上。

不料二〇〇七年五月，本性法師以福建慶雲寺主持身分，帶團到臺灣走動，促成了二〇〇七年九月十四日至二十日，慈航菩薩肉身「分身」聖像回歸福建慶雲寺祖庭的活動。美國印海長老、淨華長老尼、臺灣慈航菩薩學生淨良長老，兩岸四地共一百零一位高僧大德，受邀參加活動。

據淨華長老尼回憶，當她看到慈航菩薩的分身聖像，經由「小三通」輪渡從金門上岸廈門，受到當地各級政府

官員及佛教界四眾弟子人山人海、盛況空前的迎接，當一眼望不到頭的車隊、擁護著慈航菩薩聖像，從廈門出發回歸慶雲寺祖庭時，淨華長老尼在車上想起了慈航菩薩晚年對她說過的話，不禁熱淚盈眶。

自此以後，淨華長老尼便認定一九六五年出生的本性法師為慈航菩薩再來人，對他禮遇有加，邀請、安排他到美國弘法。淨華長老尼希望我作為閩南僧人，繼續發揚近代閩南高僧大德海外弘法精神，盡力協助本性法師在美弘法事宜。

我在雪峰精舍停留至四月初，然後從洛杉磯乘菲律賓航班回納卯H寺，途經馬尼拉時拜訪傳印長老，停留了一晚，受到長老的熱情接待。當天下午，長老安排在有一百多年歷史的馬尼拉酒店用餐，隔日從馬尼拉飛往納卯前，長老專程送我至機場，並贈我兩萬比索，以為在菲期間零用。當時，這筆零用錢相當於H寺佛教中學高中老師一個月的工資，老一輩出家人一生奉獻佛教，對晚輩出家人關懷呵護，至今想來令我動容。

和前次一樣，我第二次飛到納卯機場，仍是無人到機場接機，打電話也沒人接，最後還是自己搭車到H寺。經此兩次無人接機，我在心裡也就明白了N法師和C比丘尼的意思，做好了回美的準備。還好當時自己被紐約哥

倫比亞大學錄取，知道接下來可以做什麼。

於是到菲律賓納卯不久後，我在網上訂了二〇一五年七月返回美國洛杉磯的機票，同時告知C比丘尼與N法師，自己將回美國紐約哥倫比亞大學讀碩士，二〇一五年九月開學。

關於薩馬爾島一百畝土地的事，在我第二次回到納卯市後，聽聞已由C比丘尼多年前擔保移民到菲律賓的侄女負責協助管理、開發，由她同時協助管理、開發的，還有C比丘尼、N法師與中國大陸福建某位大和尚一同合資，在島上購買的另一片靠近海灘的土地。

我前後兩次在菲律賓納卯H寺住了大約半年時間，主要是協助管理H寺佛教中學，出資更換學校電腦室的老舊電腦，邀請有執教托福英文資格的美國朋友格林伯格，二〇一五年六月至納卯H寺佛教中學開設一個月的英文課程，提升該校老師英文水平。並在該校教務主任戴居士的協助下，設立「廣範法師教育基金」，資助家庭貧困、符合申請條件、在當地東南大學讀兒童教育學的研究生完成學業。

該教育基金運行近四年，於二〇一九年由於資金告罄而終止，一共協助了八位當地研究生畢業，其中一位在二〇二二年十一月獲得加拿大工作簽證，二〇二四年一月一

日，在臉書與我分享全家獲得加拿大永久居留權的喜悅，並對她本人二〇一七至二〇一八年獲得「廣範法師教育基金」獎學金表達感謝。對此知識改變對方及家人命運的事，我很歡喜，也替他們高興。

二〇一五年七月下旬，我回到美國洛杉磯，掛單雪峰精舍，該年八月八日，在雪峰精舍協助本性法師舉辦第壹屆「美國漢傳佛教國際文教中心」十三位本地在家佛教宗教師授戒、認證儀式，之後陪同本性法師及傳印長老，在洛杉磯拜訪各大寺院主持。

二〇一五年八月十六日，我從洛杉磯搬到紐約曼哈頓晨邊高地哥倫比亞大學宿舍，開始我為期兩年的哥大社工學院研究生活。現在回想起來，我在半年內來回菲律賓兩趟，期間發心在H寺及附屬佛教中學義務工作——按N法師的說法，「你為佛教做事，積累功德，又不是為我做事」，雖然消耗了我寶貴的時間、精力和多年的積蓄，但仔細想來，也可能是宿業牽引，此生必經之路。

回想我在二〇〇五年七月二十六日，於我父親生日當天上午，從廣州白雲機場飛韓國首爾機場，轉機前往洛杉磯國際機場。當時，在廣州大佛寺小住的廈門吳金貴居士，送我至白雲機場登機，於機場大廳供養我五百元人民幣，以為旅途零用。這筆供養金也就成了我中國佛學院畢

業後，移民美國的第一筆「積蓄」。

十年後的二〇一五年七月十二日，當我隻身乘機離開菲律賓納卯市回美國，途中憶起當年吳金貴居士的初心供養。恍然間，時空交集、業影重疊。對菲律賓的過往種種，心生歡喜與感恩，如同當年接受吳金貴居士的供養無異。

當然，此事對我的影響也是巨大的。親歷此事之後，我對以前熟悉的僧團生活感到了陌生，進而質疑自己當初從美國陸軍預備役退役的決定過於輕率。我也意識到人生中遇到的有些人事，偶然性比確定性高。又往昔所造惡業，無量無邊。當業力成熟時，能夠任運自然，看破放下，隨緣消業，也是一種修行。緣盡了，業也就消了。

紐約哥倫比亞大學讀碩士

　　二〇一五年九月二日,從菲律賓返回美國大約兩個月後,我在紐約哥倫比亞大學社工學院,開始了為期兩年的研究所生活。

　　在華人世界裡,紐約哥倫比亞大學簡稱「哥大」,是美國八所常春藤盟校成員之一,也是紐約州最古老的高等學府。該校於一七五四年由英國國王喬治二世敕建,原名「國王學院」,一七八四年更名為「哥倫比亞學院」。哥倫比亞學院原先位於曼哈頓麥迪遜大道,後在一八九六年搬至晨邊高地,更名為「哥倫比亞大學」。

　　二〇一五年九月至二〇一七年六月,我在哥大讀碩士期間,該校有二十個學院,在寸土寸金的紐約曼哈頓世界富豪集中的晨邊高地,占地面積三十二英畝,擁有七千八百間供教職員工和學生居住的公寓。

　　相較於美國東岸的其他常春藤盟校──如普林斯頓和康乃爾,自然田園詩歌般的樹蔭覆蓋、綠草茵茵,大雁與水鳥齊飛,松鼠與麋鹿同林,環境幽美愉人。

　　哥大在車水馬龍、熙熙攘攘、大廈林立、億萬富豪集

中的曼哈頓黃金地段晨邊高地百老匯與阿姆斯特丹大道中間，占地六條街，四四方方，主校園建築群古典與現代結合，布局如同「四合院」。哥大在紐約曼哈頓擁有的土地價值和地理位置，顯然是全美其他學校所無法企及的。

哥大與近代中國的關係密切，特別是民國初年時期，哥大從行政、教育、哲學、外交、金融、科學與文化等領域，培養了許多改變中國社會、推進中國社會現代化過程的人物，如蔣夢麟、胡適、馬寅初、陶行知、郭秉文、梁實秋、徐志摩、金岳霖、馮友蘭、聞一多、潘光旦、吳文藻、顧維鈞、蔣廷黻、宋子文、唐敖慶、姜聖階等人。

回想我在哥大的研究所生活，除了課程忙碌，在紐約市長辦公室老年局做老年人精神健康案例及數據比較研究分析，在巴特勒圖書館讀著讀不完的量化論文（大概每個禮拜有一百至一百五十頁的閱讀量），和寫著寫不完的作業，作為出家人，在哥大的日常生活單一，每日三點一線：教室、市長辦公室老年局、圖書館。

哥大地處美國紐約繁華大都市，周邊著名飲食業林立，百老匯街道上有十家全美乃至世界知名的歌劇院。靠近大學周邊，有著名的格蘭特將軍國家紀念堂、河濱教堂、協和神學院和猶太教學院等歷史性地標。而從哥大步行至第五大道的大都會藝術博物館，也僅二點五英哩路

程。哥大所處位置，可謂集消費娛樂和歷史宗教文藝於一身。作為一般的世俗學生，哥大的課外生活豐富多彩，觸手可及人類社會文明得天獨厚的歷史、宗教、生活、娛樂、藝術和文化等資源。

哥大歷來對世界人類社會的發展，卓有貢獻的傑出校友眾多，不僅培養了推動國際政治關係合作與維繫世界秩序人物，如美國前總統歐巴馬、前國務卿希拉蕊，以及巴西前總統魯拉‧達席爾瓦等，也培養了國際經融界大佬級人物，如巴菲特等。

哥大作為國際著名高等學府，每年從世界各地四至六萬名申請人中，錄取百分之四左右各方面條件優越、學識淵博、具備基本領袖能力的高材生入學，保證了大學的總體辦學品質和教育水平，及學生畢業後在國際社會上的競爭力和影響力。

我在哥大讀碩士期間，深切體會了哥大學生的活力、創造力、領袖力，以及將知識、智慧融入日常工作的執行力。這些，對我日後的人生軌跡，產生了重要的影響。不得不承認，申請進入哥大研究所就讀的條件是苛刻的，被錄取的學生在自己感興趣的知識領域，都有較為突出的理論研究背景和社會實踐能力。

學習態度方面，哥大學生人人自律，奮發圖強。巴特

勒圖書館夜燈常明,平日館內閱讀室一位難求,期中和期末更是排長隊而不得其坐,許多學生在館內用功二十四小時,甚至更長時間也是常事。

哥大嚴進嚴出,想在哥大混等畢業是不可能的,來自世界各地絕頂聰明、思維敏銳的高材生,個個埋頭苦幹,一個小時當作兩個小時用,一點也不敢浪費時間。像我這樣思維遲鈍、英文口語和寫作水準一般的學生,不得不在平時花更多的時間學習,才勉強可以在規定的時間內順利畢業。

現在回想我在哥大的兩年研究所生活,每週除了三天在學院上課,還有兩天需在紐約市長辦公室老年局作實地工作研究。出於研究需要,時常在紐約五個區域走動,三餐不定。不過,哥大兩年的研究所生活,也是我在美國大學學習生涯中,過得較為充實的兩年。

哥大位於百老匯第七大道地鐵站出口大門

在哥大就讀期間,舊金山素中法師來訪合影

這兩年，我透過相關的社會工作調查研究，儲備了相關的社會工作知識和經驗。同時，透過哥大社工學院開設的社會研究方法論課程，我初步掌握了運用科學研究法，對關注的社會問題進行客觀分類比較研究分析的技能。

　　這在後來，間接促成了我以實地參與性研究典範，用兩年的時間分別在北加史丹佛大學醫院以及天主教聖艾格尼絲醫療中心，定點收集病人探訪數據，量化北美臨床佛教宗教師在世俗與宗教醫療機構的工作性質、病人宗教靈性需求，以及臨床佛教宗教師的工作，與北美臨床心性關懷市場之間的供求關係比較研究分析等。

　　記憶中，我在哥大讀碩士期間，除了高強度的課程學習及實地工作研究之外，有兩件事值得追憶。第一件事，二〇一五年九月中旬，經哥大佛學會主席秦良銘同學介紹，我認識了原紐約本願寺主持中垣顯實法師，參與了由他和菩提比丘在該年九月份倡議、發起向歐巴馬總統申請白宮每年定期舉行二十五分鐘慶祝佛陀誕生、成道、涅槃的衛塞節活動，該活動申請，計畫邀請歐巴馬總統出席活動，做五分鐘的講話。

　　大概在二〇一五年十月中旬，中垣顯實法師與我在哥大巴特勒圖書館學習室裡，交談了兩個多小時，我仔細傾聽、了解了該申請活動的組織結構，瀏覽了當時在白宮網

站，開設號召全美佛教徒簽名，申請白宮舉辦衛塞節慶祝活動的意義，及聽他介紹二○一五年五月十四日，在當時華盛頓特區，創價學會負責人艾肯（Bill Aiken）、中垣顯實法師和菩提比丘與白宮民主黨派負責人交流後，全美佛教徒第一次聚集在白宮舉行衛塞節慶祝活動，及佛教與環保會議的經過。

一五年五月十四日，美國佛教徒首次聚集白宮舉行衛塞節慶祝活動，開佛教與環保會議。（圖片來源：菩提比丘創辦佛教全球救濟會（Buddhist Global Relief）網站）

中垣顯實法師表示，當時在白宮舉行的衛塞節慶祝活動，歐巴馬總統並沒有出席，此次與菩提比丘及艾肯商

議後，希望向白宮申請來年衛塞節慶祝活動，邀請時任總統出席活動並做五分鐘講話。當時中垣顯實法師邀請我作為活動參與組織者之一，負責組織、號召、動員在美華人佛教徒簽名，然後轉交給他，與列印好的其他申請文件，一起以信件的方式寄給白宮，向時任總統歐巴馬申請，從二〇一六年開始，法定佛教衛塞節為白宮每年慶祝的宗教節日。

我在與中垣顯實法師見面會談後，接受了他的邀請，參與了組織二〇一六年度白宮衛塞節慶祝活動申請，第二天開始打電話聯繫美國當地華人寺院。多數在美寺院（如洛杉磯西來寺和北加萬佛城）接到我的電話後，表示簽名具有法律效益，信徒對自己簽名及其用途，心理上會有所顧忌。對此，我表示也可以在白宮網站設置的申請網頁上留名支持，對方出於各方考量，都當下委婉拒絕。

我理解寺方為了信徒的個人隱私考量，是慎重而正確的。最後，在洛杉磯淨宗學會陳景昌會長夫婦、洛杉磯普陀山菩薩寺惟正法師，以及紐約佛恩寺主持淨義法師的協助下，獲得約一千名漢傳佛教徒簽名。

二〇一六年一月初，我和中垣顯實法師具體溝通之後，同已故韓國性圓法師至華盛頓特區，見活動組織者之一的華盛頓大學宗教學系哈伯教授。

哈伯教授是印裔美國人，身高一米六五左右，為人和藹、樂觀、健談，對佛教在美國的發展及其社會影響很用心。依據哈伯教授的要求，我向他提供了衛塞節作為香港法定節日的網路新聞報導，以及衛塞節在亞洲其他國家地區如韓國與臺灣等地的慶祝盛況資料，以便他向在華盛頓特區的民主黨派人士介紹。

當時，在華盛頓特區支持白宮舉行佛教衛塞節慶祝活動的民主黨派人士，主要是時任美國國務卿凱瑞（John Kerry），州政府方面則有當年的加州州長布朗（Jerry Brown）。據說布朗州長是位藏傳佛教徒，對美國當地佛教的發展多有助力。

二〇一六年一月中旬，透過菩提比丘、波士頓泰國寺、洛杉磯慧雄法師及哈伯教授的接洽，當時的印度、斯里蘭卡、泰國和印度尼西亞駐美大使，分別寫信給時任總統歐巴馬，支持在白宮舉辦衛塞節慶祝活動，藉以彰顯佛教的和平理念，以及美國社會宗教信仰文化多元的意義。

組織者一致認為，如果能夠得到時任中國駐美大使寫信給歐巴馬總統，獲得在白宮舉行衛塞節慶祝活動的機會會更大。作為來自中國大陸的僧人，這個任務自然也就落到了我的手上。

我大概在二〇一六年一月中後旬，聯繫紐約佛恩寺主

持淨義法師，後以紐約佛教聯合會的名義，寫信給時任中國駐美大使崔天凱先生。信件具體介紹了在白宮舉辦衛塞節慶祝活動的申請進展狀況，以及在白宮舉辦衛塞節慶祝活動，對旅美華人佛教徒及宣揚漢傳大乘佛教精神、淨化社會人心的意義，希望大使可以寫信給歐巴馬總統，支持五月二十日在白宮舉辦衛塞節慶祝活動。

信件由時任紐約佛教聯合會會長瑞法法師簽名後，在該年一月底從紐約曼哈頓東百老匯四十八號的佛恩寺寄出，不過等了很久都不見回覆。後來該信件在四月初，從華盛頓特區中國駐美大使館處原封不動地退回，拆都沒拆。

白宮慶祝衛塞節的申請，在該年四月結束，總共收集到約四萬名在美佛教徒簽名，離白宮六萬人簽名的申請規定，還差兩萬名左右。統計徵集到的四萬人簽名中，以日本淨土真宗和創價學會的信徒聯合簽名最多，大約有兩萬多名；泰國與斯里蘭卡佛教徒居其次，約一萬名；韓國佛教徒有近九千簽名；漢傳佛教徒簽名如前所明約一千名。

二〇一六年四月二十九日，哈伯教授發出電子信件通知活動組織者，申請五月二十日在白宮慶祝衛塞節的活動被白宮拒絕，不過他發來的電子信件中，同時附帶了時任總統歐巴馬簽署的一份致賀全球佛教徒衛塞節的電子信

件。我在當日將此信件轉發給佛光山信徒,由他轉發西來寺執事。不久,臺灣佛光山的人間衛視做了相關的報導。在總統的祝賀信發出後不久,二〇一六年五月三日凱瑞國務卿在其個人推特帳號上,也對佛教衛塞節的到來表示了祝賀,同時加州布朗州長也以州長辦公室的名義,發布了祝賀佛誕節的官方賀信。

組織者對於沒能促成衛塞節慶祝活動在白宮舉行,成為美國白宮法定宗教慶祝節日,僅時任總統歐巴馬向外發表封賀信,頗感失望。但事已至此,大家也是盡了力。

事後我想,如果當年洛杉磯西來寺、北加萬佛城,號召信徒簽名,又或者中國駐美大使崔天凱先生,看了紐約佛教聯合會寄出的信,寫信給白宮支持衛塞節慶祝活動申請,也許當年的白宮衛塞節慶祝活動申請,也就成功了。

當然,想像非真實,木已成舟,也就只好接受事實如此。從中反求諸己,可見我福淺德薄,人微言輕,平時沒有積功累德、廣結善緣,結果也就不難意料。最後,組織者表示,此事可等日後再議,不料這一等,等到了二〇二〇年的八月十八日。

二〇二〇年八月十七日下午,哈伯教授發送電子信件給當年衛塞節慶祝活動組織者,通知大家川普總統的白宮辦公室對外公共事務負責人,同意在八月十八日東岸時間

下午四點與大家開視訊會議，討論在白宮舉行衛塞節慶祝活動的可能性。哈伯教授表示臨時通知實在抱歉，希望大家盡快回覆確認出席。

　　二〇二〇年八月十八日，包括我在內共七人，在線上與白宮辦公室對外公共事務負責人視訊會議。在會議主題進行到一半時，該負責人表示有事先下線，轉由助理上線與大家交流。這時大家才發現，會議開始從探討白宮衛塞節慶祝活動主題，轉為共和黨人為川普總統競選連任，向與會者募款。

　　該助理邀請大家到華盛頓特區參加川普總統競選連任募款宴會。表示捐款五萬美元或以上，可與總統同席進餐合影，希望與會者投票給川普，同時積極鼓勵親朋好友、教會信眾一起來投票給川普。會議最後，在邀請參加華盛頓特區募款宴會和拉票中結束。

　　參加此次線上會議的七位與會人，事後分析了共和黨白宮對外公共事務負責人，希望在正式進入討論白宮衛塞節慶祝活動之前，先考慮對方以下三點要求：（1）以個人或團體名譽，捐款五萬美元或以上；（2）為川普競選總統連任，投票及拉票；（3）在自己所處社區，協助宣傳共和黨政策，為川普獲選連任創造有利條件。

　　最後，七位與會人達成一致共識，不接受透過參加宴

會捐款、投票、拉票或宣傳等方式，與共和黨執政的白宮負責人討論申請衛塞節慶祝活動事宜。美國《憲法》明文規定政教分離，這樣做無疑觸犯了《憲法》條例，將給美國佛教造成潛在的不良社會影響，帶來嚴重後果。

先例是一九八〇年代末，西來寺在不了解美國政教分離社會文化的情形下，曾為前副總統高爾競選總統拉票、捐款，受到了聯邦政府的長期調查，帶來一定程度的不良社會影響。至此，有關進一步申請在白宮舉辦衛塞節慶祝活動事宜，也就此不了了之。

如今回想，心中仍多所感慨，想不到為川普競選總統連任的共和黨人，在政治資本訴求上如此開門見山。或許是我出家日久，少見多怪。政治本來如此，只談利益，明碼交換？抑或這只是川普作為商人，手下工作人員的行事風格？實不得而知。

中國人民大學讀博士

　　我在哥大讀碩士期間，值得追憶的第二件事，是二〇一六年秋季在哥大遇見中國人民大學哲學院魏德東教授。在哥大遇見魏教授，促成了我二〇一八年十月至北京中國人民大學讀博士，進行「北美臨床佛教宗教師體系」課題研究。由此機緣，把北美職業化、系統化的佛教臨床心性關懷理論和實踐，介紹到中國大陸。

　　魏德東教授，山東沂源人，中等身材，為人和藹，言談幽默風趣，舉止善解人意，和他相處令人愉悅，心情放鬆。依據網路公開資料介紹，魏德東教授一九八六年畢業於南開大學哲學系，一九八六年至一九九一年任職天津社會科學院《道德與文明》雜誌社編輯。一九九一年至一九九七年在中國人民大學師從已故佛學大家方立天教授，從事佛教唯識學碩士與博士課題研究。

　　二〇〇一年，魏教授在臺灣佛光山出版社，出版博士論文《佛教唯識哲學要義》，奠定了他當時在該佛教領域研究的學術地位。一九九七年至二〇〇二年，魏教授任職中國社會科學院世界宗教研究所助理研究員，後受聘於中

國人民大學任教至今。魏教授在中國社會科學院世界宗教研究所任職研究員期間，同時受聘在中國佛學院任講師，為該院新生講授《印度佛教哲學》要義。

二〇〇一年九月一日，我入讀北京中國佛學院時，當時從人大畢業不久的魏德東博士，正好受聘到中國佛學院講課，也就有了與他的第一段師生之緣。記憶中魏博士的課幽默風趣，笑點不斷，他對印度佛教唯識學的解讀，結合時事，深入淺出，令人印象深刻。

二〇一六年秋季，當我們再次在紐約相遇時，當年的魏博士已經由原先的印度佛教哲學研究，轉向宗教社會學的宗教市場供求關係領域研究。同時，他的職位也從之前的社科院研究員、中國佛學院講師，升至中國人民大學教授。曾一度出任中國人民大學哲學院副院長，為中共中央統戰部宗教事務特聘專家，享受國務院特殊津貼。

我和魏教授十五年後在紐約佛恩寺再次相遇，回憶十五年前的師生情誼，歡喜自不待言。當他得知我在哥大讀碩士，又曾在美國陸軍弘法工作，感到我作為出家人在海外的生活有點傳奇，可以作為宗教社會學的研究對象。於是，在一個大雪紛飛的早上，魏教授邀請我到他和家人在紐約長島的租住處用餐小敘，期間對我過去經歷做了概要的訪談。訪談內容於二〇一六年十二月二十日在中國大

陸《中國民族報》以〈美軍中的佛教傳教師〉一文刊出，該文首次向亞洲華文社會介紹了漢傳佛教法師在美國陸軍弘法工作經歷。文章刊出後，引起了華人社會的關注和討論。

大概在我碩士畢業前兩、三個月，魏教授開始鼓勵我申請到中國人民大學讀博士。他說這樣可以把我過去在美國從事佛教宗教師的工作經驗整理出來，完善該體系的佛學理論框架，以及職業實踐典範。魏教授認為，這不僅可以協助解決當下北美佛教宗教師職業中，佛學與社會實踐面臨的問題，同時還可藉此將北美佛教宗教師的職業體系介紹到中國，反哺中國社會佛教心性關懷事業的不足，豐富漢傳佛教的入世服務內容，為社會創造有價值的佛教社區服務模式。

我在哥大研究所畢業後，經過一年的慎重考慮，接受了魏教授的建議，著手申請到中國人民大學，從事北美臨床佛教宗教師職業體系的博士課題研究。

說「慎重考慮」，主要是因為我當時已三十八歲，臨近四十不惑之年。「人生七十古來稀。」歲月短促似「一片花飛減卻春」。而隨著歲數的增長，人生閱歷的豐富，我對學位已沒有了往日少年時的激情。又此類博士課題研究，在當時尚無人做過，屬於基礎性研究工作。一般而

言，基礎性研究工作需從零開始，難度較大。

當時有關北美臨床佛教宗教師的研究文獻，散布在哈佛大學神學院察瑞歐（Giles Cheryl）和維拉（Miller Willa）教授二〇一二年主編出版的《冥想關懷藝術：佛教宗教師先驅者之音與心性關懷工作》論文集第二章「服務病人：醫院佛教宗教師職業藝術」的六篇散文內容中。

該六篇散文，由六位北美臨床佛教宗教師職業從業者，以第一人稱的個人經驗分享方式寫成，主要從個人角度探討了臨床佛教宗教師的職業意義和價值。內容繁蕪，五花八門。書寫格式隨意，屬於散文隨筆類型，非學術意義上的「研究論文」。我因此贊同魏教授的看法，北美臨床佛教宗教師作為二十一世紀當地興起的一類宗教社服職業，的確需要以佛學理論結合社會科學研究方法，架構其系統理論和實踐典範。

依據我在此領域的多年工作研究觀察，北美臨床佛教宗教師職業的發展，理論上為北美二十世紀七〇至八〇年代興起的實踐神學，向當地佛學的拓展，實踐上延伸了科學理性主義和宗教世俗化理念。本地從業者在推動佛教作為一類宗教社服職業的同時，採用實用主義態勢解釋佛法，繼以世俗化理論為導向，剝去佛教本有的宗教解脫內涵，完全以職業人的角色，在工作中世俗化佛教的教理

教義。

　　我同時也觀察到，北美當地佛教宗教師從業者，主要由以下兩類「佛教徒」組成，第一類為脫離基督教會轉信佛教者，這一類佛教徒嘗試結合基督教神學、佛教哲學、心理學、精神分析學與人類行為學，形成一種新式的佛教職業社服模式。

　　第二類為無神論者，此類「佛教徒」有目的性地採納佛教哲學，結合社會科學和理性主義，運用「佛教宗教師」身分，形成一種對應北美基督一神教信仰文化壓力，以達到藉佛教推動社會宗教信仰、LGBTQIA＋不公待遇等社會改革目的。

　　此類「佛教徒」強調佛教宗教師應關注美國社會不公問題，藉佛教開放、包容、多元理念，解構基督一神教文化壓力下，引發的種族、性別及宗教信仰歧視現象。

　　由於北美從事佛教宗教師職業的「佛教徒」，主要由以上兩類人士組成，其發展路徑也就以去宗教、科學理性世俗化為目的。因此，北美佛教宗教師職業雖以「佛教」為名，實則獨立於佛教之外，世俗化特徵明顯，本質上為一無特定宗教信仰、接近西方神祕主義哲學的「新宗教」。

　　這一「新宗教」，著重鼓吹神祕主義哲學結合社會

科學（心理學、精神分析學和人類行為學），為當代「宗教」存在人類社會的價值和意義。實踐典範上，該「新宗教」以理性實用主義為依據，有選擇性地接受、詮釋佛法。這與目前北美基督教宗教師，經教會嚴格訓練，由當地教會簽署任命，進入社會事業單位服務，有顯著的不同。

也因此，北美當地「佛教宗教師」多為個體練習者。形式各式各樣，實踐中脫離佛教，以神祕主義哲學結合社會科學範式，形成「跨宗教」服務模式。並借助當代學術會議及媒體平臺，宣傳其職能意義。關於北美佛教宗教師的職業構成及其特徵，二〇二二年我在中國人民大學讀博士期間，於泰國摩訶朱拉隆功大學主編的《國際佛學研究》（Journal of International Buddhist Studies）期刊上發表的《美國佛教宗教師：理論實踐及其職業構成》（"Buddhist Chaplaincy in the United States: Theory-Praxis Relationship in Formation and Profession"）英文論文，對該職業的發生發展、理論架構、實踐方式及潛在問題，進行了詳實的探討和理性的剖析。

就我個人理解而言，北美是個言論自由、思想開放的國家，只要不犯法，每個成年人、團體，都有表達自創宗教或哲學理念的自由。我個人的態度是樂觀其成，不反對

也不支持。不過我個人也認為，北美佛教宗教師職業，既然以「佛教」為名，也就有必要從佛學理論來建構其實踐體系。因此，當魏德東教授建議我到中國人民大學，把該職業體系的發展路徑整理出來時，我給予了考慮。

雖然，我認為個人的研究能力水平有限，對於是否適合做該項博士課題研究工作，心存疑慮。但是，魏教授認為我在此領域工作多年，經驗豐富，且在哥大接受過較好的社會科學研究訓練，是當時做該項博士課題研究的適合人選。

二〇一七年五月十八日，我在哥大社工學院順利畢業，隔天與友人駕車自紐約出發，至密蘇里探訪繼如法師，之後回到紐約，在曼哈頓唐人街佛恩寺掛單小住。八月二十六日回到洛杉磯，隔天二十七日下午三時，到雪峰精舍探望病重的淨華長老尼。大概在我到達雪峰精舍兩個小時之後，長老尼安詳往生，享世壽八十二歲。

我所了解的長老尼，童貞入道，出家一甲子。一生與人為善，廣結善緣，待人熟誠。遍參、親近當代佛教碩德名師，興寺育才。其行足以為表，其德足以懷遠，其明足以照下。對長老尼的離世，我內心雖有不捨，但也明白世間萬物，有生必有滅。這既是自然的法則，也是宇宙運行的規律。

九月十三日,在洛杉磯玫瑰山協助打理完長老尼出殯、火化、分揀舍利等事宜之後,我在該月底至紐約上州莊嚴寺掛單小住,親近菩提比丘。期間,魏德東教授、魏太太及其在紐約讀高中的兒子,到莊嚴寺小住一宿,隔日陪同魏教授及其家人到西點軍校參訪。

此次再聚,魏教授花了不少時間和我單獨交流,詳細分析我到中國人民大學做臨床佛教宗教師體系博士課題研究的重要性和必要性。在魏教授看來,這將是漢傳佛教自太虛大師提出「人間佛教」的理念以來,具有開創性意義的研究工作。

就如他二〇一七年六月十五日至二十日,在加拿大參加第一屆中美加三國佛教論壇,發表的《漢傳佛教新探索——佛教傳教師在美國》一文中指出:「在現代化過程中,佛教如何深入社會,成為現代生活的有機組成部分,永遠是佛教不斷創新的課題⋯⋯佛教傳『宗』教師制度以職業工作的方式,將佛法引入當代社會,代表了人間佛教實踐的重要法門,推動著人間佛教的全球化。」

我接受了魏教授的建議,在該年底從紐約上州回到洛杉磯之後,在中國人民大學網站上遞交了博士課題研究申請。二〇一八年七月收到錄取通知書,八月底在洛杉磯領事館辦好留學手續。十月初從洛杉磯啟程飛往北京,入住

中國人民大學留學生公寓「高麗館」,開始我的博士課題研究。

　　期間受國家宗教事務局和中國佛教協會邀請,參加了該年十月二十八日至三十日,在福建莆田舉辦的第五屆世界佛教論壇,以《北美佛教宗教師概念綜述》一文,做有關北美佛教宗教師的專題報告。該文先是被中國佛教協會網站貼出,接著被鳳凰網與騰訊網轉載,之後在該年十二月,被收入北京佛教研究所主辦的《佛學研究》期刊發表。

　　我到北京大概一個星期後,兩年前在紐約曼哈頓認識的一位北京居士,在微信朋友圈看到消息,於是邀請我擇日外出用齋。也是從這時起,我才逐漸了解到,平日衣著樸素,行事低調,謙和謹慎,熱心社會公共福利教育事業,給人印象家教極好的這位北京居士,其父親竟然是當代中國司法界元老、推進二十一世紀中國司法改革的重要人物之一,曾任司法部部長、最高人民法院院長、中央委員、國務院內閣成員,副國級幹部。

　　當日外出用齋,有緣認識居士同胞姊姊,受到居士家人和朋友的熱情款待。也是因緣巧合,這位居士及其家姊在二〇一九年三月初,與我相約在人大校園匯賢食府用晚餐,期間與魏德東教授相識,後發心在中國人民大學國際

佛學研究中心，捐款設立佛教心性關懷教育與培訓項目。

透過二位居士的努力，該項目在二〇一九年四月份開始，依據中國社會宗教文化需求，與中國生命關懷協會合作，形成一義工結合職業化實踐臨床心性關懷教育與資格認證培訓項目。

接著在北京清華大學長庚醫院陸桂軍教授的進一步推動下，受訓人員開始在北京清華大學長庚醫院及海澱醫院安寧療護病房落地實踐，形成一心性關懷職業訓練實驗基地。

此後透過網路授課的方式，逐步在全國各地推展開來，為二十一世紀中國大陸安寧療護病人的身、心、社、靈全人照護事業中的「心」與「靈」關懷，提供接受過職業化訓練的佛教心性關懷供給者服務。

二〇一九年五月四日至五日，由美國漢傳佛教國際文教中心、紐約哥倫比亞大學東亞語言與文化系，以及中國人民大學國際佛學研究中心聯合主辦的第一屆「佛教宗教師職業與信仰為基礎的社會服務」國際會議，在紐約哥倫比亞大學舉行。

此次會議，為北美第一屆以國際佛教宗教師為主題的學術研討會，雲集了來自美國、中國和日本等國，在不同社會事業單位工作、具有高等教育經驗和科研能力的佛教

宗教師，以及醫療職業工作者。會議在魏德東教授及哥倫比亞大學東亞語言與文化系孔令偉博士的協助安排下，成功舉辦，引起國際學界和佛教界的關注與報導。

二〇一九年五月六日會議結束隔天，我至莊嚴寺拜訪菩提比丘，期間再度談起二〇一六年申請白宮衛塞節慶祝活動，沒有成功的經過和原因，菩提比丘本人表示惋惜但也隨緣。二〇一九年五月七日下午至甘迺迪機場，原定當晚飛返北京，隔日一早從北京國際機場，直接坐車至央視大樓，接受《欣視點》關於《亞洲佛教與當代社會生活關係》英文專訪，但因所乘航空班機故障停飛，在紐約停留一晚。

美東時間五月八日晚間七時，央視在曼哈頓租用當地的新聞媒體直播室。九時，我在紐約曼哈頓連線央視國際頻道（CGTN）劉欣主持人，接受採訪。此次採訪，主要是探討了亞洲佛教的當代性，為二〇一九年五月十五日中共中央國務院在京主辦的《亞洲文明對話大會》開幕，提前作有關亞洲佛教——特別是漢傳佛教——與當代社會生活關係的介紹。

《欣視點》採訪在二〇一九年北京時間五月十日上午播出，我在五月十一日晚間回到北京。第二天早上，在中國人民大學留學生公寓高麗館門口，遇見兩位中東政府公

派到中國人民大學留學的研究生。之前在高麗館咖啡室，同二位照過幾次面，但沒有正式打過招呼。這次有些意外，二位在高麗館入口處見到我時，竟然向我走來，熱情打起招呼，用流暢的英語問候、交流。

二位表示在央視國際頻道看到了《欣視點》對我的採訪，問我是不是美國政府派到中國學習的交流人員？我表示自己是自費留學生，到人大主要是作臨床佛教宗教師體系的研究，不涉及其他。

在簡單地了解了我個人的留學情況之後，二位也沒有多說什麼，客氣寒暄之後，也就各忙各的學業去了。此次接觸，讓我意識到接受媒體採訪需謹慎。特別是接受有國家背景的媒體採訪，容易給人造成直接的錯誤解讀，產生正負面影響。又媒體是把「雙刃」劍，分寸把握不好，兩面可傷人，世人應警惕。

二〇一九年五月六日拜訪菩提比丘，十月十二日聯合國總部三國佛教論壇結束合影。

我在人大的博士必修課，在二〇一九年秋季學期開始前，已基本修完，並在此期間，通過博士論文開題口試。於是，我決定在人大秋季開學前，步行朝拜五臺山，五方文殊菩薩。

　　經過簡單的兩個星期準備，我在二〇一九年八月十四日凌晨三點，從北京人民大學出發，步行前往山西五臺山朝拜。這是繼我二〇一八年十月到北京後，一直想要做的事。今得實現，內心感恩諸佛菩薩冥冥之中的加持！

　　作為漢傳佛教僧人，我個人認為效仿古德步行朝拜五臺山，比在人大拿到博士學位重要得多，因此心意決絕。此行，前後走了十六天。在第十六天下午四時，到達五臺山景區。無獨有偶，當日下午中國人民大學哲學院，有位同屆在讀博士生，乘列車趕到五臺山，在山腳下與我會合，表示要一同登頂朝五方文殊。夜宿碧山寺。

　　隔日，與該博士生在碧山寺前會合，一路徒步，沿陡峭山路登上東臺望海寺。據《清涼山志》載，東臺望海寺因「蒸雲寢壑，爽氣澄秋，東望明霞，若陂若境，即大海也，亦見滄瀛諸州」而得名。時立足山頂，策杖近觀，聖境蒸雲澄秋，遠睹明霞環繞，聞寺中經聲，陣陣流布，意飛東隅滄瀛，令人心曠神怡。

　　在東臺望海寺朝拜聰明文殊，用完午齋，稍作停留，

便沿山路北行，在落日黃昏前，趕到北臺靈應寺，朝拜無垢文殊。夜宿北臺靈應寺大眾寮房。隔日清晨，在寺院用完早齋，立北臺望東隅，秋高氣爽，萬里無雲萬里天。彼時，東有杲杲日出，灼灼其華。西有弦月未落，滿空清涼。風吹絕頂，人天一境。石殿聳立，寶塔發光，文殊無垢安坐其中。

　　早上十點左右，在北臺靈應寺朝拜無垢文殊畢，和七、八位朝山者，沿山路向西步行至中臺演教寺，朝拜孺童文殊。用午齋畢，循陡峭狹窄山道，一路行至西臺法雷寺，朝拜獅子吼文殊。拜畢，下至山坡步行大道，已是下午四時。一行人一路行腳，至竹林嶺大護國文殊寺（又名獅子窟），落日黃昏近趣，萬籟寂靜，星月滿空。夜宿大護國文殊寺。隔日上午九時，從大護國文殊寺出發，朝拜南臺普濟寺智慧文殊，但因中途有其他事緣，未能登頂。在南臺下，遙望山頂普濟寺，禮智慧文殊菩薩，後乘車返回北京人民大學。

　　大概在二〇一九年九月下旬，時任中國佛教協會祕書長劉威先生，透過中佛協國際部主任，邀我到廣濟寺與演覺長老用午齋。午齋期間，劉威先生介紹了中佛協將在十月九日率團前往美國紐約聯合國總部，參加十月十二日第二屆中美加三國佛教論壇，希望我能隨行，做英文翻譯。

依據中佛協國際部相關工作人員介紹，出席論壇人員將分兩批出入。第一批人員由中佛協副會長組成，以中華宗教文化交流協會祕書處薛春梅女士為顧問，十月九日下午從北京國際機場出發飛往華盛頓特區，十月九日晚間下榻酒店。十月十日上午十點三十分，與北浸禮會教堂負責人，進行宗教文化交流。下午交流結束，驅車前往紐約曼哈頓，傍晚下榻紐約曼哈頓聯合國總部廣場對面希爾頓千禧酒店。十月十一日上午十點三十分，與紐約三一教堂總部負責人，進行宗教文化交流。中午十二點之前結束。行程安排緊湊，由我全程陪同翻譯，作雙方人員介紹。

第二批出入人員，由中佛協副祕書長及國際部工作人員組成，提前一個星期從北京國際機場飛抵紐約，下榻曼哈頓希爾頓千禧酒店後，協助紐約當地佛教社團，布置十月十二日將在對面聯合國總部，舉行的中美加三國佛教論壇。

十月十一日上午，第一批出入人員，在紐約三一教堂總部與教堂負責人進行了宗教文化交流。第二批人員，出席了中美加三國佛教高僧大德與當地華人社區領袖，在世貿中心廣場，為九一一罹難者誦經迴向，祈禱世界和平。下午，租用希爾頓千禧酒店大型會議室，聚集中美加三國佛教知名學者，研討佛教與「人類命運共同體」話題。

十月十二日上午十點三十分,中美加三國佛教界高僧大德及與會者近兩百人,雲集聯合國大廈,圍繞「佛教在構建人類命運共同體中的使命與擔當」,發表「覺悟在人間:禪的精神與實踐脈絡」及「佛教的弘揚、傳播與發展」等主題報告。最後,三國佛教界代表,一致通過《第二屆中美加佛教論壇宣言》。

與華盛頓特區北浸禮會及紐約曼哈頓三一教堂負責人交流合影。(圖片來源:中佛協網)

此次論壇，菩提比丘作為美國佛教法師代表之一，受邀出席，作了有關《全球暖化呼籲社會道德的轉型》英文主題演講。該主題演講，從佛教倫理與菩薩道「四弘誓願」精神，闡述了當代人類，如何可以透過佛教教理教義，引導社會道德倫理轉型，有效應對日益嚴重的全球氣候暖化問題的重要性和可行性。

　　二〇一九年十月二十日，中佛協主辦的《法音》期刊主編，透過微信聯繫我，希望我將菩提比丘在中美加三國佛教論壇上發表的英文講稿，譯成中文給《法音》期刊作為「中美加三國佛教論壇」特刊刊出。我隨後透過電子信件徵詢了人在紐約莊嚴寺的菩提比丘意見，在得到同意回覆後，將英文原稿譯成中文，發給《法音》期刊主編。

　　最後，該文以中文《全球暖化呼籲社會道德的轉型》為題，在二〇一九年《法音》第十期刊出。該文是菩提比丘已知發表的文章中，第一次以中文的形式在中國佛教協會主辦的期刊上刊出，和中國讀者見面。這在中美當代佛教思想交流上，具有一定的歷史意義。

　　如今追憶，我在二〇一九年十月九日至十二日隨行中佛協，為諸位大德長老法師做翻譯，及參加紐約聯合國總部三國佛教論壇。雖具體細節，已多不記得，但中佛協各位大德長老法師的慈悲、智慧，至今令我印象深刻，受益

匪淺。此外,我也從此次隨行中,了解到前中佛協劉祕書長,在其任內對漢傳佛教教育(中國佛學院新址的規畫、建設和啟用)及國際傳播,傾注心力,頗有老一代中佛協佛教居士行事風格。

至於中華宗教文化交流協會隨行人員薛女士,給我的印象,為人謙和低調,英文好。顯然,是個見過世面,有故事的人。

史丹佛大學醫院與天主教醫療中心臨床佛教宗教師工作研究

二〇一九年十一月中旬,我在中國人民大學有關北美臨床佛教宗教師體系的博士課題研究,進入論文寫作階段。按二〇一六年與魏德東教授在紐約哥倫比亞大學討論的博士論文寫作計畫,內容分六章。前四章屬於定性研究,建立在北美已出版的論文集與網路資料文獻上,初稿已初步完成,但仍需要從臨床實踐上,對具體內容進行檢驗、核實。後兩章為定量、案例研究,需要在實地參與性工作中,收集臨床病人探訪第一手數據,對具有代表性的病人個案進行分析,才可能完成。

如前所明,當時由北美從事臨床佛教宗教師職業者聚集出版的六篇「論文」,為工作經驗分享性質的散文書寫,內容龐雜繁蕪,五花八門,缺乏基本的學術研究參考價值。北美當地臨床佛教宗教師們,在六篇不同文章中分享的個人工作經驗,及從佛學「四聖諦」、「八正道」、「般若性空」、「無我無著」、「自他不二」、「無緣大慈」與「同體大悲」等佛學角度,闡述為病人提供「有

效」佛教心性關懷服務的內容，亦與我在北美觀察到的當地宗教社會文化現象，及醫療系統中病人基於基督教靈性關懷市場供求關係不相符合，多有失實之處。

為了能夠深入研究、理解北美臨床佛教宗教師，作為當地一類宗教社服職業的職能意義，及其在北美醫療系統中的功能、作用價值。我在博士論文研究計畫中，決定採用宗教現代性與應用社會學的理論框架，以定性與定量相結合的研究方法，對北美臨床佛教宗教師的理論體系和實踐模式，進行系統性的梳理與探索性的研究。

對此，我初步設想在博士論文的第五章，以定量一手數據為基礎，對北美臨床病人的人口學特徵、宗教信仰與地域來源分布，進行具體量化分析。從中分類臨床病人對佛教心性關懷需求狀況，以及臨床佛教宗教師作為「心性關懷供給者」的工作內容及關懷特質。

第六章在第五章定量數據分析的基礎上，運用案例研究法，在具有代表性的病人病情、宗教信仰等方面，提供典型性的個案分析，展現在北美人種族群、宗教信仰多元化的醫療機構環境中，面對病人複雜的家庭背景、人際關係，以及不同心性關懷需求，臨床佛教宗教師與病人、家屬間的有效溝通與互動途徑，從中體現出臨床佛教宗教師，作為北美二十一世紀新興的一類宗教社服職業的功能

和意義。

為了完成博士論文第五章與第六章的寫作任務,我決定申請到史丹佛大學醫院作一年的臨床佛教宗教師帶薪實習工作,以實地參與性研究典範,收集病人探訪第一手數據的同時,完成相關的病人案例記錄。

二〇一九年十一月下旬,我從中國人民大學校園郵局,向美國史丹佛大學主校區醫院靈性關懷部門,寄出帶薪見習一年(二〇二〇年九月至二〇二一年八月)的申請文件。然後,在當天下午,乘高鐵到江西九江永修縣雲居山真如禪寺,參加該寺舉辦的冬季禪七。

禪七結束後,從山上下來,回到北京查看電子郵箱,裡頭有封來自史丹佛大學主校區醫院靈性關懷部門,實習項目負責人博根牧師二〇一九年十二月四日上午發出的電子信件。博根牧師在信件中表示,收到了我的申請文件,並依據申請文件中提供的聯繫方式,打了電話給我(洛杉磯手機號碼),但無人接聽,留了語音訊息。博根牧師在信件中寫道,史丹佛大學醫院靈性關懷部門,對我申請到該院帶薪實習一年感興趣,希望我收到訊息後,如有興趣可盡快回覆,以確認面試時間。

我在北京時間當天傍晚,回復博根牧師電子信件,表示自己很感興趣,並告知對方我人在中國,正在參加佛

教寺院舉辦的冬季禪修。中國對使用國外網路有所限制，如可能我將在二〇二〇年一月初回到美國洛杉磯，屆時可以確定面試時間，告知個人時間從一月五日至二十五日都可以。二〇一九年十二月九日，博根牧師在電子信件回覆中，加入實習督導迪林格牧師，表示他們二位將一起對我進行面試。

十二月十三日，迪林格牧師發來一封電子信件，說明經過和博根牧師商量之後，二〇二〇年一月六日星期一，下午兩點或三點，及一月十三日星期一早上，十一點、下午兩點或三點，為最佳面試時間。我在十二月十四日下午，回覆給迪林格牧師的電子信件中，確認了二〇二〇年一月十三日上午十一點的面試時間。

十二月二十日收到迪林格牧師發來的面試時間確認電子信件，信件中附帶了兩份文件，一份為史丹佛大學校區地圖，地圖上用紅線圈出該校醫院所在位置。另一份為進入醫院後，找尋靈性關懷部門面試地點的路線說明。

我在收到迪林格牧師的電子信件之後，當天下午在網上訂了二〇一九年十二月二十六日從北京回洛杉磯、二〇二〇年二月二十五日從洛杉磯返回北京的國航往返機票。

二〇一九年十二月二十四日，魏德東教授邀請我及北京兩位居士，到他位於中關村人民大學附近的家中用午

餐。其間，我把自己將在十二月二十六日回美，及到史丹佛大學醫院靈性關懷部門面試，進行為期一年的帶薪實習研究計畫，和魏教授商榷，徵詢他的專業意見。

　　作為我的博士論文指導老師，魏教授對國內外宗教社會學領域的理論與實踐研究，有深入、廣範涉獵。他對我計畫採用實地參與性研究典範，在史丹佛大學醫院，收集臨床病人探訪第一手數據，對病人個案進行研究的方式，表示認同。魏教授認為這將有助加強我的博士論文研究內容整體架構，協助我順利完成博士論文寫作。魏教授同時認為，這也是我的博士論文，最終能否順利通過校外專家盲審及答辯的關鍵所在。

　　二〇二〇年一月十三日上午十一點的面試順利通過，我在面試結束當天下午，從北加開車回洛杉磯的途中，收到迪林格牧師發出的史丹佛大學醫院靈性關懷部門帶薪實習一年的電子文件錄取通知書。回到洛杉磯，在延壽寺停留，拜訪當地法師和信徒，準備二月二十五日返回北京。

　　不料該年一月二十三日，新冠疫情全面爆發，武漢封城，隨後全美各地飛往中國的國際航班停飛。不得已，只好在美繼續停留，希望疫情早日結束，國際航班恢復通航時，再返北京。

　　不過，任誰也意料不到，新冠疫情在二〇二〇年一

月二十三日爆發後,會持續三年之久,直到二〇二三年五月,世界各地才逐步解封,恢復國際通航。而我在此期間,因重新接受美國國防部任命,回陸軍工作,到目前為止尚無機會再回中國。

自二〇二〇年一月至九月的八個月間,由於疫情,洛杉磯也封了城。商鋪停業,街道冷清,人絕往來。唯一忙碌的是洛城各大道呼嘯而過的救護車,及病人逐日遞增的各地急診室。

疫情期間,我一個人滯留延壽寺,利用這段時間,在離寺院不遠處的湖邊圖書館,修改博士論文前四章內容。同時,概要性地規畫了九月份到史丹佛大學醫院實習,如何採用應用社會學典範,進行病人探訪與數據收集,對臨床牧靈關懷教育體系,進行全面、深入的研究、分析。在此期間,由於疫情引起的人心恐慌,無人造訪延壽寺。

我一個人住寺,甚是清淨。寺旁是山巒起伏、環境優美、占地遼闊的伊利森公園。我上午課誦、打坐、修改博士論文,下午修訂即將在新加坡光明山再版的英譯《童蒙止觀》,傍晚時分從後山進入伊利森公園散步。每日作息安排,頗似民國四年太虛大師在普陀山的閉關狀態。

也正是在此疫情獨處期間,我內心突然閃現要把過去在美國陸軍預備役工作,以及退預後到菲律賓弘法的人生

經歷寫下來的念頭，也好對虛度的光陰，有個交代。

　　二〇二〇年二月下旬至三月中旬，洛杉磯的天氣比往年寒冷，雨水也較往年多。該年三月初，連續下了場三天兩夜的豪雨。我在雨停時分，步行在積水的伊利森公園山道小徑上，有時駐足遙眺洛基山脈重疊峰巒上的皚皚積雪，回想起二〇一二年冬季大熊湖雪覆千山的潔白景象，於是也就有了開篇「楔子」，以及本書的寫作緣起。

　　二〇二〇年六月八日，家居華盛頓特區，為印度駐美大使館籌辦印度傳統冥想禪修節日慶祝活動的拉馬斯瓦米博士，透過華盛頓大學哈伯教授的介紹聯繫上我，邀我為印度駐美大使館，將在該年七月十三日舉辦的冥想禪修節日慶祝活動，錄製漢傳佛教禪修對話影片。我接受了拉馬斯瓦米博士的邀請，在印度駐美大使館線上，錄製、分享了漢傳佛教天臺止觀禪修方法。

　　二〇二〇年七月十三日，該影片在華盛頓特區印度駐美大使館官方臉書網頁播出，收到不錯的反饋。二〇二〇年八月二十七日，我從洛杉磯搬到靠近史丹佛大學醫院附近的紅木城住下。九月四日，開始在史丹佛大學醫院靈性關懷部門為期一年的實習研究工作。二〇二一年八月二十六日上午，實習工作圓滿結束。

　　我按原定計畫，在一年的工作中，透過實地參與性研

究典範，分四季收集臨床病人探訪數據，製成 Excel 電子表格，請人導入 Stata 統計軟體程式，進行匯總和製表，最後得出描述性統計數據。

描述性統計數據表明，在我探訪的九百九十三位病人中，病人的宗教信仰分布狀況，主要為天主教和新教徒（共五百五十九人，占比百分之五十六點三）。其中，天主教徒病人三百零五人，占比百分之三十點七二；新教徒病人兩百五十四人，占比百分之二十五點五八。二者占了探訪病人絕對多數。佛教徒僅五十三人，占比百分之五點三三。顯然，不構成臨床佛教宗教師日常工作中的供求正向關係。

臨床佛教宗教師的日常工作內容，主要有四：（1）禱告；（2）《聖經》教牧諮詢；（3）情緒和感受支持；（4）推薦其他基督教宗教師介入關懷。

史丹佛大學醫院，雖以世俗科學價值理念營運，但基督徒病人群體對宗教靈性關懷的需求超百分之五十（共五百四十三人）。在這樣的醫療靈性關懷環境下工作，我常被病人和家屬，誤會為基督教「牧師」或天主教「神父」，以為我是當地基督教會委派到醫院，照護病人的神職人員。也因此，在我一年的病人探訪過程中，常常被病人問及來自當地哪個教會。有的虔誠天主教和新教徒病

人,甚至在我探訪結束之後,試圖給我的「教堂」捐款。

就我在史丹佛大學醫院一年的研究結果顯示,該院靈性關懷部門的多元化,使人耳目一新,符合矽谷地區宗教文化開放多元的社區人文特徵。但在實地為病人提供靈性關懷和教牧諮詢服務的過程中,我也發現這一特徵,對駐院臨床宗教師的工作,呈現出相反的效果。

這體現在一年總數九百九十三位病人探訪中,有六百三十二位病人,為我主動隨機敲門探訪結果。只有一百三十六位病人探訪,來自醫護人員的推介。其中二百二十五位病人探訪,來自駐院其他臨床宗教師、社工、安保人員、病人及家屬推介。

這一數據的反差,反映了醫院工作人員認為靈性關懷在醫療系統中,不如其他醫療服務重要。該結果也可能說明了,有宗教信仰的醫護人員,在為病人提供醫療服務的同時,也可能提供了靈性關懷——如禱告、《聖經》章節閱讀等。

我在史丹佛大學醫院的工作,主要是為基督徒病人提供基於基督教的「牧靈關懷」。也即,為基督徒病人,提供據於基督教神學背景的關懷內容。這也就導致了我的日常工作角色,與臨床基督教宗教師的角色重疊。一般情況下,這種角色「重疊」產生的困惑,透過「跨宗教」關懷

方式解決。

　　二〇二一年四月至二〇二一年七月間,為了理清研究產生的「困惑」,我透過現場及電話連線方式,採訪在北美不同地區醫療系統工作的四位臨床佛教宗教師。提問受訪者:「當病人問您來自當地哪個教會時,您是如何回覆的?」

　　每位接受採訪的臨床佛教宗教師,對這個提問並不陌生,皆表示曾在病人探訪中,被反覆問過類似的問題。其中,三位臨床佛教宗教師回覆:「醫院是我的『教會』,我是『跨宗教』師。」一位臨床佛教宗教師回覆:「我的『教會』在外州。我雖然是佛教宗教師,但也提供『跨宗教』信仰服務。」

　　受訪的四位臨床佛教宗教師中,有三位自稱「跨宗教師」,只有一位敢於在工作中向病人說明自己是「佛教宗教師」,但也表示自己提供「跨宗教」信仰服務。

　　我在這一研究中發現,臨床佛教宗教師自稱「跨宗教師」或向病人表示提供「跨宗教」信仰關懷,在以基督徒病人為主的北美醫療系統中,這是一層無形的「神祕面紗」,對「佛教宗教師」身分起了掩護作用;從市場供給法則中,維繫了臨床佛教宗教師與基督徒病人的正向市場供求關係。

同時，這一「神祕面紗」，亦形成了臨床佛教宗教師的自我心理防護機制，透過「以病人為中心」的模式，向自己灌輸在北美以基督徒病人為中心的醫療系統中工作的價值和意義。不過，就事實而言，「跨宗教師」沒有給北美臨床佛教宗教師職業，留下多少合理的詮釋空間、有效的實踐路徑。

就我在史丹佛大學醫院駐院一年實習工作，收集到的臨床病人靈性需求數據，對於在該院工作的臨床基督教宗教師而言，以病人為中心提供的「跨宗教」關懷，主要為來自不同基督教派的基督徒病人，提供「跨基督教派」關懷。然而，對於臨床佛教宗教師而言，以病人為中心提供的「跨宗教」關懷，通常意味著必須如臨床基督教宗教師一樣工作，滿足基督徒病人的牧靈關懷需求。

此外，北美臨床佛教宗教師，作為當地不同社服職業中的一類職業，以「跨宗教師」身分工作，從職業市場的角度來分析其價值和意義，主要是遵循了當地宗教市場的供給與需求法則，來評估自身的服務模式、內容、宗旨和效率。就此而言，北美臨床佛教宗教師提供的「跨宗教」關懷，為當地靈性關懷市場供求關係呈現。

作為該職業的從事者，我對於史丹佛大學醫院的研究結果本身存在的局限性，有清醒的認識。為了進一步了解

北美臨床佛教宗教師,在當地臨床牧靈關懷市場供求法則中的職能意義。

二○二一年十月,我向位於北加弗雷斯諾市天主教聖艾格尼絲醫療中心靈性關懷部門投出簡歷,申請該院全職帶薪的臨床佛教宗教師工作崗位。二○二二年二月二十八日,我被該醫療中心靈性關懷部門正式聘任為駐院佛教宗教師,兼任該部門主管行政助理,得以定期參與醫院高層會議,深入了解該院的運行模式。

從二○二二年二月二十八日至九月十五日七個月間,我採用和先前在史丹佛醫院工作研究一樣的實地參與性研究典範,在工作中收集病人探訪數據及個案,用以和史丹佛大學醫院的研究結果作比較分析,以得出相對準確的北美靈性關懷需求分布、及臨床佛教宗教師的日常工作特質。

我在弗雷斯諾市天主教聖艾格絲醫療中心,進行的七個月研究結果顯示,臨床上探訪的一千三百二十九位病人中(男性五百一十八人,占比百分之三十九;女性八百一十一人,占比百分之六十一),天主教徒七百六十三人(占比百分之五十七點四),新教徒五百零二人(占比百分之三十七點七七)。佛教徒僅十一人(占比百分之零點八三)。就此而言,佛教心性關懷在北美靈

性關懷市場供求關係中，基本上可以忽略不計。

從收集到的數據分析聖艾格絲醫療中心的病人靈性關懷需求，呈正向。臨床佛教宗教師，在該醫療中心的日常工作內容，和在矽谷地區史丹佛大學醫院的工作內容，基本一致。重複了臨床基督教宗教師的日常工作內容，主要是為基督徒病人、家屬及醫院工作人員，提供基於《聖經》的教牧諮詢和禱告。

在該醫療中心工作的七個月，臨床病人探訪總次數一千四百四十三人次，為基督徒病人提供的教牧諮詢和禱告內容，高達一千三百二十一例。在執行臨床病人不問、我毋需告知對方自己是佛教宗教師身分的原則下，該醫療中心的臨床病人和史丹佛大學醫院的臨床病人一樣，見面時稱呼我為「神父」或「牧師」。

作為臨床佛教宗教師，為佛教徒病人提供的心性關懷服務，僅占七個月全職工作中的極小部分——十一人對比一千三百二十九人的探訪總數。

該醫療中心不同於史丹佛大學醫院之處，體現在醫院工作人員對駐院臨床宗教師職業的認可。如在我七個月工作中探訪的一千三百二十九位臨床病人，有八百六十一位病人，由醫護人員推介而來，占比臨床病人探訪總數的百分之六十四點七九。這與我在史丹佛大學醫院駐院一年的

研究結果,有顯著不同。

　　史丹佛大學醫院的臨床病人探訪,主要由個人隨機敲門探訪而來。共六百三十二人,占比臨床病人探訪總數的百分之六十三點六五。駐院一年研究中,該院醫護人員推介的病人探訪人數為一百三十六人,僅占比臨床病人探訪總數的百分之十三點七。

　　該數據反映了史丹佛大學醫院醫護人員,對該院靈性部門提供的服務,體現出如下兩方面態度:(1)視靈性關懷不如其他臨床類型服務重要;(2)醫護人員可能質疑宗教師的「神聖性」,「越俎代庖」為病人禱告。

　　在弗雷斯諾市天主教聖艾格尼絲醫療中心,隨機探訪臨床病人為少數,共兩百零七人,占比探訪病人總數的百分之十五點五八。該醫療中心的臨床病人探訪,主要由工作人員(醫生、護士、基督教宗教師、臨床社工以及安保人員)推介而來,共一千零九人,占探訪病人總數的百分之七十五點九二,其餘的探訪來自臨床病人及家屬要求。

　　這一量化數據研究顯示,該醫療中心工作人員對病人疾病療癒進程,既擁抱醫學科學,也注重宗教靈性關懷介入。對比我在史丹佛大學醫院與弗雷斯諾市天主教聖艾格尼絲醫療中心的臨床病人探訪結果,作為臨床佛教宗教師為病人提供的關懷數據差異,具體如下各圖表中比較研究

分析所明：

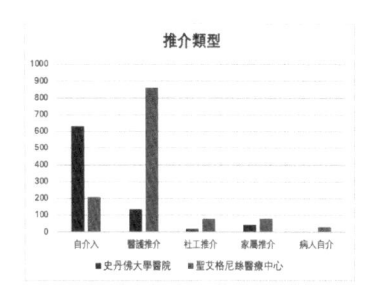

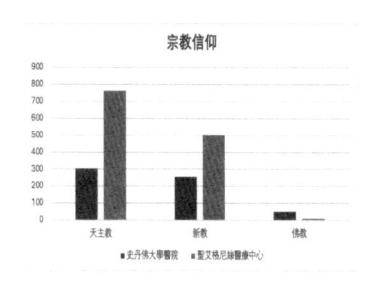

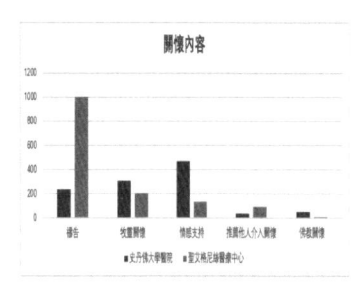

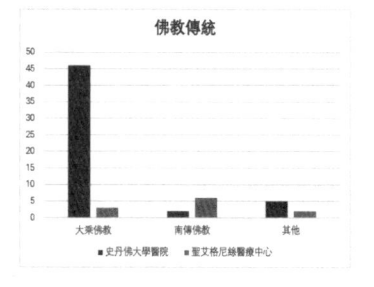

[圖表：推介類型、宗教信仰、關懷內容、佛教傳統，比較史丹佛大學醫院與聖艾格尼絲醫療中心]

經此不同駐院實地參與性比較研究分析，我對北美已出版的臨床佛教宗教師工作經驗分享文章內容，進行了相對科學、客觀的數據驗證和理性個案分析研究，從而為北美臨床佛教宗教師作為當地靈性關懷市場供求關係中的一類社服職業的意義，提出了相對全面、客觀的研究結論。也因此，為自己從事近四年的「北美臨床佛教宗教師體系」博士課題研究，畫上圓滿的句號。

二〇二二年六月疫情期間，我在網路上透過人大博士學位論文答辯，在原訂計畫四年內順利畢業，獲得中國人

民大學哲學院博士學位。

二〇二二年十月底至二〇二三年三月中,我利用在洛杉磯延壽寺掛單及在淨宗學會講經的空餘時間,把在史丹佛大學醫院和弗雷斯諾市天主教聖艾格尼絲醫療中心駐院研究收集到的數據,分類整理,撰寫成〈美國醫療系統中臨床佛教心性關懷供求關係〉("Clinical Buddhist Chaplaincy Spiritual Care Supply and Demand in the US Healthcare System")與〈美國天主教醫療系統中的佛教心性關懷〉("Clinical Buddhist Chaplaincy Spiritual Care in the US Catholic Healthcare System")兩篇英文論文,投稿泰國摩訶朱拉隆功大學主辦的《國際佛學研究》英文期刊。

該兩篇量化研究論文,分別在二〇二二年十二月五日以及二〇二四年一月八日刊出。不同於歷來北美臨床佛教宗教師的個人工作經驗分享,該兩篇量化研究論文,以科學、嚴謹的學術研究典範,客觀探討了臨床佛教宗教師作為北美宗教社服職業的價值和意義,分析了該職業本身在北美發展進程中存在的挑戰與機遇。

西岸陸軍軍牧人員的再徵募

　　二〇二二年六月，在西岸陸軍軍牧徵募人員的持續聯繫和不斷鼓勵下，我再次申請回到了美國陸軍工作。這距離我二〇一四年八月十五日從陸軍預備役退役，已整整過去了八年。

　　在這過去的八年時間裡，西岸陸軍軍牧徵募人員透過電子信件和電話等聯繫方式，多次諮詢我是否重新考慮申請回陸軍工作。特別是當時西岸陸軍軍牧徵募處主任伊波利托少校軍牧，二〇一四年在臉書上加為好友之後，時常關注我個人動向，定期與我電話聯繫，詢問我重新申請回陸軍工作的意願。

　　二〇一八年八月十七日，伊波利托少校軍牧最後一次與我電子信件聯繫，之後他便從西岸陸軍軍牧徵募處外調他州工作，而我也在二〇一八年十月初，從洛杉磯飛抵北京中國人民大學，開始有關北美臨床佛教宗教師體系的博士課題研究，此事也就暫告一段落。

　　二〇二一年八月二十六日上午，我在北加州史丹佛大學醫院為期一年的臨床佛教宗教師研究工作結束，九月十

日收到時任西岸陸軍軍牧徵募處主任埃利奧特少校軍牧發來的電子信件，介紹當時陸軍軍牧職業生涯新動向。埃利奧特少校軍牧建議我，有空與他電話聯繫，表示期待與我具體詳談。

當時我正好博士論文送外校三位專家盲審，以及著手準備博士論文答辯階段，所以也就無暇考慮埃利奧特少校軍牧的建議。二〇二二年三月初，在我入職北加弗雷斯諾市天主教聖艾格尼絲醫療中心靈性關懷部門工作半個月後，埃利奧特少校軍牧與我通電話，希望我重新考慮申請回陸軍工作。

當時全球各地仍然籠罩在新冠疫情的恐懼之中，世界人心還沒有從惶惶不安中走出來。本來我在二〇二一年七月中旬與臺灣慈濟功德會何日生副執行長約定，待新冠疫情緩和，國際恢復通航之後，到花蓮慈濟醫院安寧療護病房，以實地參與性研究典範，研究病人心性關懷需求，藉此對臺灣本土佛教心性關懷內容及其中展現出的供求關係，做一深度研究，最後此事因當時全球新冠疫情看似沒有緩和蹟象而不了了之。我也在此情形之下，重新考慮申請回美國陸軍工作。

經過兩個月的慎重考慮之後，我電話聯繫了埃利奧特少校軍牧，向他說明自己有意申請回陸軍預備役工作。

我當時希望申請回陸軍預備役工作，主要出於如下方面考慮：預備役每月只需到軍營出勤兩天十六小時，出勤日期可以根據個人具體情況靈活安排。譬如，我可以把三個月出勤的時間，集中在六天一起出勤，接下的時間便可自由安排。

如此一來，一旦新冠疫情結束，我就可以集中安排半年時間，前往臺灣花蓮慈濟醫院，進行臨床佛教宗教師的研究工作。同時，亦可抽出時間對國內自二〇一九年以來，正在逐漸興起的臨床佛教心性關懷師的教育、培訓和認證項目，進行實地參與性的觀察、研究。

二〇二二年三月二十八日，埃利奧特少校軍牧透過電子信件，發來陸軍預備役佛教宗教師職位申請表格及個人資料上傳網頁。二〇二二年六月中旬，我在華盛頓州路易斯・麥克喬德聯合軍事基地醫院通過體檢，隨後完成聯邦調查局背景調查，申請程序進入尾聲。

這時，埃利奧特少校軍牧與我電話，建議我考慮由陸軍預備役轉向申請陸軍現役，並為我詳細說明了最近幾年陸軍現役與預備役的政策變化，以及之間的工作性質的區別。

經過一個月左右的考慮之後，我接受了埃利奧特少校軍牧的建議，在陸軍網頁上填寫了由預備役轉向現役的

電子申請文件，二〇二二年九月中旬，完成個人資料及相關文件上傳。二〇二三年一月二十三日，依據軍方要求，我在加州歐文堡國家訓練中心與格拉姆林上校軍牧完成面試。

二〇二三年三月七日，埃利奧特少校軍牧助理墨菲上士透過電話，慶祝我正式被時任陸軍軍牧總長索爾傑姆少將軍牧選為陸軍現役佛教宗教師，授上尉軍銜。二〇二三年三月十四日下午，我正式收到華盛頓軍牧總長辦公室負責陸軍現役軍牧人員資料登記的馬修斯少校軍牧電子信件。馬修斯少校軍牧在信件中，首先對我的任命表示了祝賀，接著要求我將個人資料透過電子信件發送給他，以便在陸軍系統中登記，其次是通知軍牧總長辦公室，已將我授上尉軍銜任命狀提交給國會參議院批准。

馬修斯少校軍牧表示，在獲得國會參議院正式批准之前，軍牧總長辦公室無法對我的工作做具體安排，國防部也無法就具體軍區出示調任文件，這些只有等獲得國會參議院正式批准之後才能執行。

馬修斯少校軍牧在該電子信件中同時表示，我從陸軍退役十年，時間漫長，陸軍這十年來政策部署多所改變，需要我重新回陸軍軍牧學校接受相關的軍官課程與軍牧教育，畢業之後再給予調任軍區工作安排，告知入校時間在

九月,希望我耐心等待。

馬修斯少校軍牧同時說明,對於軍區分配,我雖然可以依據市場供求關係,在申請表格上填寫自己心儀的三個軍區,不過最終決定權在軍方,也即,個人的去向由軍方決定。馬修斯少校軍牧指出,第一次調任為期三年,地點在美國本土,除非軍方有特殊安排,不然不會被外派駐紮海外基地。

二〇二三年三月二十日,我的博士論文經過修訂之後,以《北美臨床佛教宗教師的理論與實踐》一書,在臺灣布克文化出版社出版。隔天,二〇二三年三月二十一日,收到馬修斯少校軍牧的電子信件,通知我上尉軍銜任命已由國會參議院正式批准通過。馬修斯少校軍牧表示,接下來國防部將就我的軍區調任,作出具體安排,同時告知軍牧學校九月十二日開學,我將在接下來的時間裡,陸續收到相關電子文件。

二〇二三年五月二日,洛杉磯時間上午九點,我收到陸軍負責軍牧學校教育部門發來的九月入學電子信件,內容記載了我的學校課程代碼、報到時間,以及課程結束日期。由於軍牧學校課程已在陸軍系統中自動生成,不需回覆,我需要做的只是耐心等待。因此,也就藉著這段空暇時間,繼續在洛杉磯延壽寺掛單,禪坐清修,讀《印光法

師文鈔》，練毛筆字，週末到洛杉磯淨宗學會講未講完的《龍舒淨土文》卷二。

彼時藉淨土文字般若，調以三昧，心中佛號綿綿密密，入法心境若明代憨山德清禪師（一五四六年——一六二三年）言「真實離際」為無事道人，心一念不生，前後際斷，行盡凡情，則入聖解。日子過得隨緣自在，無欲無求。

在此期間，受哈佛大學神學院多元宗教助理院長桑弗博士邀請，至波士頓哈佛神學院參加為期三天的北美佛教宗教師先驅者會議，討論該職業的未來發展趨勢。會議結束後回到洛杉磯，透過網路連線方式，協助臺灣慈濟功德會與哈佛神學院交流，討論設立以佛教利他主義為核心的心性關懷博士後課題研究項目，同時促成了北京慈願工作站、中國人民大學哲學院、福建佛學院，與哈佛神學院進行了首次網路會議交流，討論未來中美佛教宗教師心性關懷教育合作的可能性。

二〇二三年六月中旬，我將中、英文〈太虛「佛教宗教師」理念與當代北美佛教宗教師職業體系窺探〉論文初稿，透過電子郵箱，寄給將在香港大學舉行的「競爭與互鑒：人間佛教面臨的現實情境與佛教的跨文化傳播」國際會議負責人。該國際會議計畫在二〇二三年八月九日至

十二日期間舉行，邀請了世界各地名校教授與會，探討當代語境下，漢傳人間佛教與跨宗教文化國際傳播面臨的機遇與挑戰。

此前二〇二〇年，我與北京佛教研究所能仁法師，一同在《北大佛學》第二輯發表了〈太虛「佛教宗教師」理念——略論僧信建制與當代北美佛教宗教師專業〉一文，探討了太虛大師在一九三〇年代初，提出的「佛教宗教師」理念。上世紀大師提出的這一理念，旨在倡導出家、在家並重的佛教制度建設，期待藉此對社會提供專業化的佛教關懷，以佛法利益社會，匡扶人心。

該論文的發表，首次在學術上對二十世紀初太虛大師提出的「佛教宗教師」理念及其僧信二制建設構想，有關職業化佛教社服模式進行了梳理，並在此基礎上，與當代北美地區近十幾年來新興的佛教宗教師職業，進行了對比論述。分析了太虛大師「佛教宗教師」理念中，僧信二制建設構想與當代專業佛教社服的關係，及其對建構當代佛學理論框架下，北美佛教宗教師職業體系的可能啟發意義。

二〇二三年六月中旬完成的〈太虛「佛教宗教師」理念與當代北美佛教宗教師職業體系窺探〉論文，在原先與能仁法師合著論文的基礎上，深入探析了太虛大師三級

制、四學級、三職級佛教宗教師理念的「新佛學」典範——也即，應用佛學，對建構當代北美佛教宗教師職業體系、提升漢傳佛教進入社會事業單位服務的當代性意義。

此外，該文也首次將太虛大師的應用佛學，與普林斯頓大學神學院奧斯默（Richard Osmer）教授提出的實踐神學「四性」典範——經驗敘述性、詮釋性、規範性、實用性——進行了互鑒探索，希望藉此建構起當代東方佛學與西方神學的交流、對話。

現在執筆回想，大約在二〇二三年四月中旬，英屬哥倫比亞大學東亞系陳金華教授，透過清華大學哲學系副主任聖凱教授加我微信，希望我能為該年八月九日至十二日在香港大學舉行的國際會議，撰寫有關北美佛教宗教師職業方面的論文。陳教授「靜水深流」，是位享譽國際的佛教學者，加拿大皇家學院院士，出版英文專著多本，發表中、英學術論文七十餘篇。

作為出家人、晚輩、學術業餘愛好者，感陳教授厚愛之餘，亦深知自己能力不足，寫出來的東西恐怕難登大雅之堂，難符大會主題和學術軌範，陳教授鼓勵不妨一試，於是也就有了六月份提交給大會的〈太虛「佛教宗教師」理念與當代北美宗教師職業體系窺探〉一文。

該年七月中旬，我從網上預訂了八月七日晚從洛杉

磯飛往香港的機票,期待與來自世界各地大專院校學者交流、切磋、領教。然而由於身體不適,最終不得不臨時取消香港行程,失去與世界各地大專院校專家學者聯誼及學習機會,實在惋惜!

如前所明,依據華盛頓軍牧總長辦公室馬修斯少校軍牧提供的資料,我應該在二〇二三年七月底、八月初,收到位於南卡傑克遜堡軍事基地的美國陸軍宗教領袖學院的入學通知,但一直等到八月底還沒有收到任何消息,於是我寫了封電子信件給軍牧總長辦公室馬修斯少校軍牧,詢問相關事宜。

二〇二三年八月二十八日洛杉磯時間下午三點十六分,陸軍宗教領袖學院教務長菲普斯少校軍牧發來電子信件,內含入學通知書及報到文件。

按照入學通知書要求,我必須在二〇二三年九月十二日下午四時五十九分,準時到軍校報到。作為畢業條件,我必須在規定的時間內完成所有課程,通過陸軍身高、體重及三項體能運動要求。

二〇二三年九月十二日下午四時五十九分,我準時到軍校報到。當我步入學院走廊的那一刻起,看著眼前熟悉的教學樓和庭院,報到結束後,步出學院走廊,沿斜坡道下至兩廂草坪,左轉步入停車坪及供學生住宿的假日賓

館，一切如十年前我在該校進修時的模樣，只不過物是人非，彼時內心多所感慨。不意，我十年東西漂移，汲汲營生，繞了一圈，最後業力還是把我推回了原點。

常言道：「起心動念皆有因，當下所受皆是果。」我想，當二〇二〇年三月初，新冠疫情開始在全球蔓延開來，我寓居洛城延壽寺僧寮，夜聽大雨滂沱，嘩落有聲如擊鼓，起心動念要將過去十年人生經歷寫下來時，已成前因；三年後因果成熟，再次回到美國陸軍軍牧學院接受教育。彼時空、今人物，若夢幻。微妙不可思議，超於言語之外。

至此，也使我思考十年人生一輪迴，冥冥之中似有業力牽引，半點不由人。或許寫下此書，記錄這過去十年的來時路，和當下陸軍現役弘法工作之間的光陰交錯、輪迴，正是我過去業熟，果報今受？審如是，我也就抱持「既來之，則安之」的心態，隨緣消業了。

調任第一騎兵師三旅二一五勤務營工作

二〇二三年九月十二日下午四時五十九分，我在南卡美國陸軍宗教領袖學院報到之後，隔日便開始了為期三個月九十四天的軍事演練、陸軍軍官教育，以及陸軍戰地弘法布道課程。同年十二月十四日，我完成陸軍宗教領袖學院教育，通過三項體能測試，順利畢業。

想不到，十年間我在該校前後畢業兩次，這顯然是美國陸軍軍牧歷史上少見個案，也可能是二十世紀以來繼卡帕恩神父（Fr. Emil Kapaun，一九一六年―一九五一年）之後，在該校前後畢業兩次的學生之一。

二〇一三年八月十六日與二〇二三年十二月十四日陸軍軍牧學校畢業證書。

一九四四年八月，二戰期間卡帕恩神父受召進入馬薩諸塞州德文斯堡（Ft. Devens）美國陸軍軍牧學校（the U.S. Army Chaplain School）學習，該年十月畢業後，被調至喬治亞州惠勒（Camp Wheeler）軍區擔任營級軍牧。一九四五年至一九四六年間，卡帕恩神父隨軍進入中緬印戰場，為一萬九千名美軍官兵提供宗教服務。

一九四六年一月，二戰結束後，卡帕恩神父晉升為陸軍上尉軍牧，該年七月從陸軍退役。一九四八年九月，卡帕恩神父再次受召回陸軍現役工作，第二次從軍牧學校畢業，之後調往德州布利斯堡第一騎兵師任營級軍牧。

一九五〇年一月，卡帕恩神父隨第一騎兵師調往日本參加軍事演習，該年七月十五日從東京灣啟航前往韓國，彼時距離韓戰爆發不到一個月。七月十八日，卡帕恩神父隨第一騎兵師被調往前線，十一月一日至二日在朝鮮雲山戰役中，第一騎兵師遭遇兩萬名中國人民志願軍襲擊，卡帕恩神父和第三營八百名官兵一起留下，掩護部隊撤退。

在前線期間，卡帕恩神父冒死於戰火中救出四十名傷員。最終，卡帕恩神父和第三營官兵在雲山戰役中被虜，輾轉關押至朝鮮碧潼郡戰俘營。

當時，被關押在碧潼郡戰俘營中的美軍戰俘，由於營養不良、疾病、虱子盛行，加之極寒天氣，有時一天戰

俘的死亡人數達二十幾人。在這樣惡劣的環境下，卡帕恩神父以神職人員「神聖現前」的品德，輾轉於亡靈之間禱告、彌撒、協助掩埋遺體，同時以「現前牧侍」的精神，安撫生人，令其生起活下去的希望與勇氣。

在碧潼郡戰俘營關押期間，卡帕恩神父還協助了被關押的美軍戰俘調解糾紛，爭取從北朝鮮看押人員手中獲得食物和藥品，以維繫美軍戰俘的生命，鼓舞士氣。神父的「現前牧侍」精神，及其在苦難中展現出的「神聖現前」品德，使當時許多絕望的美軍戰俘，在人類所能體驗到的極度惡劣環境下，看到了存活下來的希望。

一九五一年三月二十五日，卡帕恩神父因營養不良，患上痢疾和肺炎去世，成為韓戰中死亡的十二位軍牧之一，遺體被葬於鴨綠江邊戰俘集體墳墓中。

韓戰初期卡帕恩神父在戰場上為士兵彌撒及照護傷員。（圖片來源：網路）

一九九三年,梵蒂岡教會封卡帕恩神父為「天主之僕」,完成羅馬教會封聖程序的第一步。又在卡帕恩神父逝世六十三年之後,二〇一三年,歐巴馬總統在白宮追授其國家最高榮譽勳章,由神父外甥與韓戰期間受神父感化存活下來的美軍戰俘代為出席領受,場面感人。

在美軍當代發展史上,卡帕恩神父的無我利他「現前牧侍」精神,及其在苦難中展現出的「神聖現前」品德,以身體力行詮釋了美軍軍牧作為教會外派神職人員「以宗教信仰養育生者」、「以牧侍行動關懷傷者」、「以神聖儀式榮譽亡者」的三項基本職能。

就個人而言,再次回到陸軍服務,人至中年不惑,對身邊發生的大小事件,已能平心以待,抱持「應之以人事,順之以天理」(《莊子‧天運》)的態度,盡人事,聽天命。凡事隨心隨力,隨緣隨分。明白人生每步都有數,既有宿緣,也有巧合。如我二〇一三年九月十二日在倫納德‧伍德堡偶遇熊焱軍牧,他於二〇〇三年美國陸軍軍牧學校畢業後,被調往德州胡德堡第一騎兵師工作。

二〇二三年五月九日,胡德堡更名為卡瓦索斯堡,該年十二月十四日,我在軍牧學院畢業後,於隔年一月五日正式調任該基地第一騎兵師三旅二一五勤務營工作。我在調任期間,按要求接受為期一個月第一騎兵師歷史與文化

教育，從中進一步了解到自韓戰以來，卡帕恩神父對該師官兵文化的影響，一直都在。

　　第一騎兵師，在美國陸軍歷史悠久，最早由一八三三年三月二日國會法案批准組成的「龍騎兵團」而來。進入二十世紀，第一騎兵師由合成兵種組成，總部設在德州卡瓦索斯堡，是美國陸軍目前為止獲得最多戰鬥榮譽的部隊之一。該師曾在第二次世界大戰、韓戰、越戰、海灣戰爭、波士尼亞戰爭、伊拉克戰爭以及阿富汗戰爭中服役，累立戰功。截至二〇二三年七月，第一騎兵師隸屬於第三裝甲軍。我在二〇二四年一月五日正式到該師三旅二一五勤務營報到，任職佛教宗教師。

　　二一五勤務營最早由第一騎兵師三旅於越戰後期成立，以支持該旅越戰後期任務。一九七一年三月二十六日，第一騎兵師在越南服役結束，伴隨尼克森總統「越南化」項目啟動，該年四月三十日，第一騎兵師三旅在越南成立，被命名為「灰狼」，以執行第一騎兵師在越南撤軍後，繼續駐紮越南境內，完成該師未完成的後續任務。

　　一九七一年六月三十日，三旅二一五勤務營在越南成立，該營的任務包括——但不局限於——參與旅部行政、為旅部下屬各營，提供燃料運輸、軍備維護、移動通信、以及醫療設施服務等。

越戰後期，二一五勤務營參加了四場戰役，除了為旅部提供支援之外，該營的醫務連還定期舉行了當地民事活動，為越南平民提供醫療服務。由於該營士兵的專業奉獻精神，越戰後期被授予了功績嘉獎單位和越南勇敢十字勳章。

一九七二年三月三十一日，駐越二一五勤務營開始隨第一騎兵師三旅分批撤回美國，該年六月二十六日完成撤退。一九七二年六月三十日，回到美國後第四天，二一五勤務營在加州奧克蘭被宣布解散。

一九九一年十二月十六日，二一五勤務營在德州胡德堡重組，以其在三旅的任務性質，命名為「鐵匠」，口號為「沒有無法完成的任務」！一九九二年十二月，海灣戰爭結束後期，二一五勤務營在科威特部署後勤特遣隊，為三・四一特遣隊步兵在科威特的後續軍事行動，提供戰備援助。一九九三年一月，該營重返科威特為第一騎兵師一・九特遣隊提供後勤援助。一九五五年十二月，該營在巴拿馬部署後勤部隊，為第一騎兵師第八工程營提供醫療和軍備維護服務，以應對當時古巴境內騷亂。

二〇〇四年十二月二十日，二一五勤務營在加州歐文堡國家訓練中心完成戰地訓練，隨後被派往伊拉克巴格達，為第一騎兵師三旅提供戰地後勤服務。二〇〇五年七

月十五日，從伊拉克撤回美國德州基地後，該營作為陸軍第一騎兵師，各旅向模組化部隊轉型的一部分被解散，後在該年晚些時候，依據轉型後部隊的後勤需要重組。

二〇二四年一月五日，在我正式入職該營時，第一騎兵師三旅正好準備前往加州歐文堡國家訓練中心，進行為期三十一天的戰地訓練，為部隊未來外派執行任務，做好軍事戰略準備。前往戰地訓練的前期準備是艱辛的，過程是複雜而苦惱的。

特別是二一五勤務營，作為三旅下屬六營二行政單位約五千人機動作戰後勤部隊，需要保障三旅各營食物、燃料、軍備維護、移動通信、醫療設施及醫護人員的及時供給。這對於以輜重裝備（坦克、大炮、裝甲車）著稱的第一騎兵師三旅而言，二一五勤務營的工作性質，呼應了中國人一句耳熟能詳的俗語──鐵匠「打鐵還需自身硬」！

第一騎兵師三旅徽章　　　　二一五勤務營徽章

我在入職該營不久，隨即在工作中觀察到士兵日常任務繁重、工作時間長，上級指揮系統日程頻繁變動，下級任務部署臨時調整，在軍隊以「任務第一」的原則下，對全營各級官兵形成巨大的無形壓力，影響士兵個人身心健康與家庭關係問題等。

在短短的兩個月時間內，我先後諮詢了五十多名官兵，內容含括了由工作壓力、上下級與家庭關係引起的內心不安與抑鬱等問題。

時間越接近飛往歐文堡國家訓練中心進行戰地訓練，官兵的個人和家庭問題也就越突出。此外，在我諮詢的士兵中，也表現出對參加戰地訓練的反抗情緒。我起初對這種反抗情緒不理解，直到二〇二四年三月二十四日至四月二十五日，我親身體驗戰地訓練惡劣自然沙漠高地環境，高緊張度、缺乏睡眠的臨戰狀態，對身心健康的傷害，無法言表，這才對當初士兵諮詢中表現出的反抗情緒，有了感同身受的理解。

十年前我在陸軍預備役服役期間，在密蘇里倫納德‧伍德堡見習，觀察到陸軍招募的士兵，多來自社會貧苦人民子弟，受教育程度為九年高中義務教育，有的高中畢業，有的高中沒畢業。入伍從軍的目的有三：脫離原生家庭背景、改善個人經濟狀況、轉變人生命運軌跡。居於此

三目的,士兵平時關注的重心自然是「生存」和「改善」的本能需求——也即,如何改變自己及家人的生存環境,以及如何改善自己及家人的生活條件需求等。士兵的這類需求有短期的,也有長期的;有個人的,也有家庭的。這類需求在預備役和現役士兵之間,基本上都有。

就我個人的工作觀察而言,士兵的「生存」和「改善」需求合情合理,人之常情。如果不是生有難處、活需解困,世上職業千萬種,又有誰願意選擇入伍當兵,與家人聚少離多、做「以命圖存」的差事呢?特別是對有宗教信仰的天主教徒和佛教徒士兵而言,參與到以殺人為生的職業,對身、心、靈三法造成的潛在傷害,有時是隱約無形的,有時也可以是具體有形的。

陸軍戰地訓練,假設與敵軍正面交火下,造成大量士兵傷亡場景。

這也成為了我作為陸軍現役佛教宗教師，平時需要面對有宗教信仰士兵的諮詢問題。歸根結柢，軍隊是人類用來解決領土、經濟、資源糾紛，以及獲得利益談判的最後手段，軍人的天職是「攻、守、殺」，中國諺言「養兵千日，用在一時。」這句話說得到位，也是過來人的經驗之談。

有時我在諮詢中，聽著士兵在二十一世紀向命運低頭，在我面前無奈陳述為了「生存」和「改善」，自身受社會資源、家庭條件和教育程度限制，除了當兵一途，一時看不到更好的出路。而談及人生道路的改變，不僅需要勇氣和時間，更需要有足夠的經濟支持，多談徒增茫然與苦惱。我為士兵的茫然和苦惱感到心痛的同時，也感慨當代社會制度對貧苦人民子弟無形「奴役」的殘酷。

有時我一個人在基林住處靜下心來，也會思考當代社會的運行機制，與一九四九年英國作家歐威爾筆下《一九八四》預言小說中的大洋國「富裕部」的控制和管理，具體上有何不同？大洋國「富裕部」對社會資源進行目的明確的管控，按上、中、下三等階層分配，進而把中下階層人民控制在自身階層內，然後透過「友愛部」制定法律、規則、秩序，讓中下階層按部就班，聽話幹活，為生存努力的同時，維護上等階層的集體利益，確保社會機

制依照上等階層的意志運行。

　　仔細想想，美軍刻下普通士兵的收入狀況，對比被所謂精英階層管理和控制的資本社會，通貨膨脹的壓力持續走高，每月除了有固定的基本生活開銷支出之外，睜眼閉眼還有付不完的家庭帳單，如房貸、車貸及各式各樣的保險費用等，為了生存拚盡全力，又何嘗不是生活在歐威爾《一九八四》預言小說中描述的，「富裕部」管理下的二十一世紀「大洋國」社會呢？

　　或許，隨著人性自私自利的貪、嗔、痴累積和爆發，未來的世界社會機制，也可能只剩下上等階層對下等階層的控制比例高低不同。我想，如果按人類的天性和目前社會資源分配的發展狀況來看，這也不是完全不可能的事，只是時間早晚的問題罷了。

　　由於普通士兵對「生存」和「改善」兩方面的需求普遍性高，這也就形成了軍牧在軍隊日常工作中的重要事項之一。從軍牧是教會認證外派至軍隊服務的神職人員而言，協助士兵解決這兩方面的需求，與在教會領眾幫助有需求的信徒和家屬解決面臨的迫切人生生活問題，有相似之處，只是切換了時空和場景不同而已。

　　除此之外，就我的觀察而言，軍牧作為神職人員，在協助士兵解決「生存」和「改善」方面需求問題的同時，

本身也需要具備「神聖現前」的品德，在日常生活中對士兵的道德倫理和靈性發展，產生潛移默化的影響作用，這也是軍牧作為宗教人士在軍隊牧侍的價值所在。

從軍方的角度而言，一神教軍牧和非一神教的隨軍宗教師，是軍方從地方教會招募而來的牧師、神父、阿訇、拉比、古魯、或法師等神職和教職人員。不同於陸軍招募士兵，職能是勇於殺敵、保家衛國、熟練各項武器應用及野外作戰求生技能，軍牧和隨軍宗教師的職能，是透過「現前牧侍」（或如我透過佛法定義為「悲心現前」）的精神，以神聖現前解脫品德，保證士兵在殘酷戰爭環境中，保留下一線人性光輝、倫理道德以及精神希望等。

從神學的角度理解一神教軍牧的職能，重點展現在「把神帶到士兵的面前」，以及「把士兵帶到神的面前」的雙重關係上。透過看守永恆「天堂」大門的神聖職責，展現出一神教軍牧牧養眾生的情懷，及其中所代表的超越世俗的解脫價值和意義。

如前面介紹的卡帕恩神父一樣，以僕人的精神，守護上帝的天堂大門，無我奉獻，在極度惡劣環境中不畏苦難，牧養眾生。因其無我，故得永生，能在苦難中，自利利他。神父的無我奉獻精神，對於基督教（特別是羅馬天主教）神職人員而言，可謂亙古長青，教牧永存。這種精

神在我預備役與現役工作中,遇到的天主教神父及新教牧師中,都得到了很好的呈現。

對此,陸軍在二〇二三年特別製作了《戰地軍牧精神之旅》("Fighting Spirit—A Combat Chaplain's Journey")影片,以紀念卡帕恩神父,教牧永存的精神。

不同於一神教軍牧從神學角度理解自身的工作和職能意義,我個人作為漢傳佛教法師,遵循太虛大師依據《華嚴經》與《瑜伽菩薩戒本》思想,詮釋大乘佛教菩薩行者入世「布施世間、膏沐群生」的精神,結合佛法「知苦而後識解脫」的個人實踐模式,理解作為佛教宗教師隨軍弘法的工作意義。

這一理解與《心經》開篇「觀自在菩薩,行深般若波羅蜜多時,照見五蘊皆空,度一切苦厄!」經意啟示相關,對我在陸軍隨軍弘法工作,有兩個層面的意義。首先,軍中弘法,惟心自在,才可觀行自在。其次,軍中見苦,悲心現前道成智,慧解脫根本,能助斷身心苦惱。

又從佛法四聖諦「苦、集、滅、道」理解,即見眾生「苦」,明瞭其中因,生悲心見道智,成就「苦」於心處「滅」的果。對大乘佛教菩薩道入世濟苦,及從佛法上對「知苦而後識解脫」的理解,形成了我在軍中弘法工作的模式。

可以說我入職陸軍現役第一騎兵師三旅二一五勤務營，平時工作及在戰地中為有需求的士兵提供的諮詢關懷服務，即以此佛學模式為路徑。這一佛學模式透過實際性的應用典範，協助有需求的士兵解決問題，從苦惱困境中找回自己內心的平靜，照見其中造成苦惱與困境的因，進而達到「識苦」離苦、身心自在的果。

二〇二四年在歐文堡國家訓練中心戰地訓練期間，為三旅士兵提供戰地佛教服務。

我目前在陸軍現役的弘法工作，採用的這一應用佛學模式，還可從宋青原惟信禪師人生悟道三重境界的角度來理解。依據《指月錄》記載，吉州青原惟信禪師有天上堂，說法語三句，第一句：「老僧三十年前，未參禪時，看山是山，看水是水。」第二句：「及至後來親見知識，有個入處，看山不是山，看水不是水。」第三句：「而今得個休歇處，依前見山只是山，見水只是水。」惟信禪師此三句上堂法語，從禪者般若智，闡明了人生修行悟道的三重境界。

第一重境界，智慧未開，道眼未見，一個人的心對事物本質不明，只具備了看見事物現象的能力，因此多停留在眼、耳、鼻、舌、身、意六根對色、聲、香、味、觸、法六塵現象中打轉的境界。在這一境界，心不識「苦」因，所以苦惱不斷。

第二重境界，經過一定時間的修行之後，對六根六塵現象的本質有所明瞭，但內心深處還沒有升起平等的智慧觀照，對人生中出現的種種現象，生起人我、是非、對錯分別。在這一境界，心識苦而苦未離，以心未達平等智，還有分別的緣故。

第三重境界，達到了透過現象看清事務本質的智慧。在這一境界，心生平等的智慧。這智慧柔似水，長流不

息，潤物無聲，綿綿不絕；又這智慧穩如山，巍巍聳立，風來雨來雷電來，寂然不動。到了這一境界，外緣種種苦樂現象，以及內心的種種意識煩惱，已不能干擾或撼動一個人的內心平靜與祥和，至此苦因滅，由平等智而生的道果成。

我目前在美國陸軍現役弘法工作，遵循以上所明太虛大師「布施世間、膏沐群生」的菩薩入世精神，結合我個人對「知苦而後識解脫」的實踐模式，參考惟信禪師三句上堂法語不同境界，以初、中、後方式，審視自己的能力，同時明白士兵面臨的問題癥結所在，提供適當的諮詢服務，以協助士兵解決問題。

對菩薩道入世服務精神的理解、識苦解脫的練習、以及從禪的三重境界，發展內觀智慧，使我在日常工作中，可以「無我、無人、無眾生、無壽者」的金剛般若智，洞察事物本質，發掘菩薩「慈能予樂，悲能拔苦」的現前服務精神，在工作中以「悲、智、行、願」為衣，以「慈、悲、喜、捨」為服，自利利他，進趣菩薩四弘誓願之道，也即——

> 眾生無邊誓願度,煩惱無盡誓願斷;
> 法門無量誓願學,佛道無上誓願成。

　　最後,我想人生苦短,諸行無常,苦、空、無我。一個人若能在人類苦惱煎熬、三界無安的熾燃「火宅」中——如軍隊,以菩薩心為己心,以眾生苦為己苦,無緣大慈,同體大悲,現前度、斷、學、成。則不待一生一世,一時一刻,但隨心淨無涯,火中化紅蓮,苦難即覺悟,煩惱轉菩提,任我自佛成!

後記

　　二〇二三年十二月二十日，我從洛杉磯延壽寺出發，一個人驅車前往德州卡瓦索斯堡報到。車行兩日，於聖誕節前夕，我生日的當天，在近傍晚時分，進入美國一八〇高速公路，行駛在蜿蜒一百六十英哩的德州沙漠地帶。

　　彼時，前不著村、後不著店，晚霞中偶見遠處年代久遠的火車在夕陽下掠過，彷彿置身西部電影情景之中。想來，人生又何嘗不是「電影」一場呢？來匆匆，去匆匆，故事在其中。故事跌宕起伏，最後像沙漠夕陽，依著大地氣息，寂然落幕。

　　我一人，一車，一條路，走到黑。引擎聲伴隨夜幕降臨，四周逐漸浮現出無數的閃爍繁星點點──德州小型私人油田圓塔頂上的燈光。經過四個小時駕駛，車進入孔雀鎮，手機顯示當地時間夜裡九點。夜宿孔雀鎮假日旅館，度過平安夜。

　　隔日詹姆斯上校與我電話，互問平安，並告知他的女兒剛剛生了女兒。詹姆斯上校人生第一次當爺爺，喜上眉梢，而我則驚覺時光飛逝若斯，世代更替不已，彷彿車輪

滾滾向前，恭喜他之餘也互道珍重。然後我一路奔馳八小時，逐漸靠近卡瓦索斯堡，夜宿離基林約四十英哩處的最佳西方賓館，第二日上午十時，抵達基林住處安頓下來。

隔天整理物品時，紙箱底下找出塵封的日記一本，打開一看，裡面記錄初到美國時的艱辛，以及人生地不熟的迷茫。驚覺一路走來不易，時光荏苒，十多年一晃即逝。而往事如煙，若鳥蹤、魚跡。

《論語・子罕》言：「逝者如斯夫，不捨晝夜！」誠然！人生年華，似川流不息一刻不停，行蹤若高原犛牛，在冬季紛飛風雪中緩慢前行，足跡在青山與大地太白之間成片，又在風雪中隱沒。

人生亦復如是，有痕無跡。想我過去十年，行走東西南北，四海為家如夢，一覺醒來，記憶晃晃悠悠，時空人事若有似無。而時空人事四法是整體，也是碎片，鑲嵌在意識的角落裡，等我去把它們掃出來，拼湊成形。

人可能要到了中年，才會強烈意識到逝去的時空人事，在記憶中的寶貴。不幸的是，一切緣起法皆苦空無常

無我，無真實可言。有時獨處，向內心深處探望，感慨時空不停留，人事多匆匆。善友得遇，稍作停留；知己難逢，天涯彼時！而時空人事在記憶中，揮之即去，招之卻不來，令人慨嘆：「諸法無常，是生滅法。」審如是，提筆將記，已成過往。

回想二〇二〇年三月，我在新冠疫情全球開始蔓延期間，一個人在洛杉磯延壽寺掛單，夜聽雨聲嘩嘩，落地有聲如擊鼓，深感心有故事待人言，於是便有了本書〈楔子〉中「寫這故事，是同心的對話，但同心的對話又如影虛無。」的感慨。這一感慨，既有對過去歲月痕跡的掛懷，也有對當下人生現狀的寫照。

截至目前，我出家受戒二十三年，海外弘法十九載。來去匆匆，夢化泡影。古德云：「大道無言」。我想，真實的人生故事，是無法用語言文字表達出來的。就像山、雲一樣，無言勝有言，無跡勝有跡。可以用語言文字表達出來的人生故事，往往只是人生的記憶片段，不是人生的本來面目。

有時,我一覺醒來,細品自己這過去十年的人生經歷,彷彿高原犛牛,踽行於大地太白之間,偶然抬頭,只見青山無語,雲無跡!

　　是為記。

二〇二四年六月
寫於基林小居

青山無語，雲無跡
我在美國陸軍的弘法因緣

作　　　者	／振冠
美 術 編 輯	／孤獨船長工作室
執 行 編 輯	／許典春
企劃選書人	／賈俊國

總　編　輯	／賈俊國
副 總 編 輯	／蘇士尹
編　　　輯	／黃欣
行 銷 企 畫	／張莉滎・蕭羽猜・温于閎

發　行　人	／何飛鵬
法 律 顧 問	／元禾法律事務所王子文律師
出　　　版	／布克文化出版事業部

　　　　　　　115 臺北市南港區昆陽街 16 號 4 樓
　　　　　　　電話：(02)2500-7008　　傳真：(02)2500-7579
　　　　　　　Email：sbooker.service@cite.com.tw

發　　　行／英屬蓋曼群島商家庭傳媒股份有限公司城邦分公司
　　　　　　　115 臺北市南港區昆陽街 16 號 8 樓
　　　　　　　書虫客服服務專線：(02)2500-7718；2500-7719
　　　　　　　24 小時傳真專線：(02)2500-1990；2500-1991
　　　　　　　劃撥帳號：19863813；戶名：書虫股份有限公司
　　　　　　　讀者服務信箱：service@readingclub.com.tw

香港發行所／城邦（香港）出版集團有限公司
　　　　　　　香港九龍土瓜灣土瓜灣道 86 號順聯工業大廈 6 樓 A 室
　　　　　　　電話：+852-2508-6231　　傳真：+852-2578-9337
　　　　　　　Email：hkcite@biznetvigator.com

馬新發行所／城邦（馬新）出版集團 Cité(M)Sdn.Bhd.
　　　　　　　41, Jalan Radin Anum, Bandar Baru Sri Petaling,
　　　　　　　57000 Kuala Lumpur, Malaysia
　　　　　　　電話：+603- 9056-3833　　傳真：+603- 9057-6622
　　　　　　　Email：services@cite.my

印　　　刷	／韋懋實業有限公司
初　　　版	／2024 年 10 月
定　　　價	／380 元
Ｉ Ｓ Ｂ Ｎ	／978-626-7518-38-0
Ｅ Ｉ Ｓ Ｂ Ｎ	／9786267518366(EPUB)

© 本著作之全球中文版（繁體版）為布克文化版權所有・翻印必究

城邦讀書花園　布克文化
www.cite.com.tw　www.SBOOKER.COM.TW